A HISTÓRIA DO UNIVERSO
PARA QUEM TEM PRESSA

COLEÇÃO HISTÓRIA
PARA QUEM TEM PRESSA

COLIN STUART

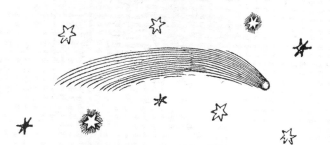

A HISTÓRIA DO UNIVERSO PARA QUEM TEM PRESSA

Tradução
MILTON CHAVES

valentina

Rio de Janeiro, 2023
5ª edição

À minha mãe e ao meu pai.
Obrigado por sempre me incentivarem a sonhar alto.

∗∗∗

Copyright © 2018 by Michael O'Mara Books Limited

TÍTULO ORIGINAL
The Universe in Bite-sized Chunks

CAPA
Sérgio Campante

DIAGRAMAÇÃO
Kátia Regina Silva

Impresso no Brasil
Printed in Brazil
2023

CIP-BRASIL. CATALOGAÇÃO NA PUBLICAÇÃO
SINDICATO NACIONAL DOS EDITORES DE LIVROS, RJ
MERI GLEICE RODRIGUES DE SOUZA – BIBLIOTECÁRIA CRB-7/6439

S92h
5.ed.
Stuart, Colin
  A história do universo para quem tem pressa / Colin Stuart; [tradução Milton Chaves]. – 5. ed. – Rio de Janeiro: Valentina, 2023.
  216p. il. ; 21 cm.

  ISBN 978-85-5889-076-2
  1. Cosmologia. I. Chaves, Milton. II. Título.

18-52575
CDD: 523.1
CDU: 524.8

Todos os livros da Editora Valentina estão em conformidade com
o novo Acordo Ortográfico da Língua Portuguesa.

Todos os direitos desta edição reservados à

EDITORA VALENTINA
Rua Santa Clara 50/1107 – Copacabana
Rio de Janeiro – 22041-012
Tel/Fax: (21) 3208-8777
www.editoravalentina.com.br

SUMÁRIO

Créditos das Fotografias 7

Introdução 9

CAPÍTULO UM • A Astronomia em seus Primórdios 11
Registrando a Passagem do Tempo 11 Descobrindo o Formato da Terra 13 Eclipses Solares 16 Eclipses Lunares 18 As Constelações 20 O Zodíaco e a Eclíptica 22 Estrelas Errantes 24 Ptolomeu e o Modelo Geocêntrico 25 Copérnico e o Heliocentrismo 28 Tycho Brahe 30 A Invenção do Telescópio 32 Galileu e suas Observações Telescópicas 32 Johannes Kepler e suas Leis Planetárias 34 Isaac Newton e a Força da Gravidade 36 Isaac Newton e a Luz 37 Römer e a Velocidade da Luz 39 Halley e seu Cometa 40 Bradley e a Aberração da Luz 41 A Conjunção de Vênus 42 Pesando o Mundo 44 Herschel e Urano 45 Herschel e a Luz Infravermelha 46 A Descoberta de Netuno 47 Einstein e a Teoria da Relatividade Restrita 48 Einstein e a Teoria da Relatividade Geral 49

CAPÍTULO DOIS • O Sol, a Terra e a Lua 52
O Sol 52 A Terra 65 A Lua 78

CAPÍTULO TRÊS • O Sistema Solar 86
Mercúrio 86 Vênus 87 Marte 88 O Cinturão de Asteroides 91 O Cometa 67P, as Sondas Rosetta e Philae 94 Júpiter 96 Saturno 99 Urano 103 Netuno 105 Plutão 106 Os Planetas Anões 108 O Cinturão de Kuiper e a Região Transnetuniana 109 O Nono e o Décimo Planetas 111 As *Voyagers* e a Heliosfera 112 O Modelo de Nice 115

CAPÍTULO QUATRO • As Estrelas 117
Qual a Intensidade de seu Brilho? 117   A que Distância Estão de Nós? 119   Qual a Temperatura Delas? 120   O Diagrama de Hertzsprung-Russell 121   Qual o Tamanho Delas? 122   Qual a Idade Delas? 124   O Ciclo Vital das Estrelas 125   Gigantes Vermelhas 127   Nebulosas Planetárias e Anãs Brancas 128   Supergigantes Vermelhas 128   Supernovas 129   Estrelas de Nêutrons e Pulsares 131   Buracos Negros 133   Ondas Gravitacionais 134   Dilatação do Tempo 136   Buracos Brancos e Buracos de Minhoca 137   Radiação Hawking 139   A Teoria de Tudo 139   A Teoria das (Super)Cordas e a Gravitação Quântica de Laços 140   Exoplanetas 142   O Método do Trânsito 144   O Método da Velocidade Radial 145   O que Descobrimos até Agora? 147   Classificação de Atmosferas Planetárias 149   Exoluas 150

CAPÍTULO CINCO • As Galáxias 152
A Via Láctea 152   O Problema da Rotação 159   A Equação de Drake 166   A Busca de Civilizações Extraterrestres Inteligentes (SETI) 167   O Grupo Local 169   Galáxias Distantes 173   Classificação das Galáxias 175   Núcleos Galácticos Ativos (NGAs) 178   Deslocamento para o Vermelho 180   A Lei de Hubble 182   O Universo em Expansão 182

CAPÍTULO SEIS • O Universo 184
O Big Bang 184   Problemas com a Teoria do Big Bang 192   A Inflação Cosmológica 197   As Fronteiras do Universo 205   Supernovas Tipo Ia 207   Energia Escura 208   O Big Rip 209

CONCLUSÃO 211

CRÉDITOS DAS FOTOGRAFIAS

1. Fotografia de um analema tirado da janela de um escritório da Bell Labs em 1998-9, em Murray Hill, Nova Jersey; J. Fisburn, da English Wikipedia — 12
2. Pérolas de Baily; Luc Viatour / https://Lucnix.be — 17
3. Ejeção de massa coronal em 2016; NASA — 63
4. Astronauta americano Edwin "Buzz" Aldrin; NASA — 83
5. Cometa 67P; ESA / Rosetta / NAVCAM — 95
6. Imagens dos anéis de Saturno captadas pela câmera de lentes grande-angulares da Cassini; NASA / JPL / Space Science Institute — 101
7. Esboço de previsões sobre órbitas planetárias criado pelo Worldwide Telescope; Caltech / R. Hurt (IPAC) — 111
8. Nebulosa do Caranguejo; NASA / STScI / ESA — 130
9. AMS-02; NASA — 163
10. RCF; Equipe Científica da WMAP / NASA — 190
11. Uma supernova Tipo IA explodindo; NASA / ESA / HUBBLE / EQUIPE DE PESQUISAS DA HIGH-Z SUPERNOVA — 208

INTRODUÇÃO

*"Há muito tempo que amo demais as estrelas
para temer a noite."*

The Old Astronomer,
Sarah Williams (1868)

Desde criança, sou fascinado pelo céu noturno. Esse fascínio foi o meu primeiro caso de amor. Na infância, os adultos nos contam histórias maravilhosas sobre duendes, dragões e bruxas, mas o universo sempre foi mais mágico do que qualquer conto de fadas.

Gerações de astrônomos levantaram o véu que encobria os mistérios do cosmos e revelaram seus segredos mais profundos. A descoberta foi simplesmente incrível. Mostrou que um número incontável de planetas rodopia em torno de uma imensidão infinita de estrelas. Sabemos hoje que a gravidade provoca a curvatura do tecido do espaço-tempo até fazer cessar o escoar das horas. Agora podemos acompanhar a viagem de átomos ao longo de toda a sua trajetória, desde o coração das estrelas até o pouso final em nossa pele e ossos. Enviamos máquinas a todos os planetas do sistema solar e deixamos a marca de nossas pegadas no chão de poeira lunar.

O universo, mesmo se considerado apenas por sua imensidão, pode ser assombroso. Passei os últimos dez anos escrevendo e palestrando a respeito de astronomia, e, ainda assim, ela faz com que eu me sinta pequeno e insignificante. Muitas pessoas não se interessam pelo assunto porque acham que deve ser difícil de aprender. Mas não tem que ser difícil. O objetivo deste livro é decompor a vastidão do universo em porções conceituais de suave digestão intelectual ou de fácil assimilação mental. Nele, não existem complicações matemáticas ou jargões tecnocientíficos, mas apenas explicações simples das características mais fascinantes do universo.

Incluí não só o que não sabemos a seu respeito, mas também o que sabemos. A resposta que dou a uma pergunta responde a muitas outras.

Ainda não compreendemos do que é feita a maior parte do universo ou se compartilhamos o espaço universal com outras formas de vida. Astrônomos continuam tentando saber se o nosso universo é o único que existe e o momento exato em que o espaço e o tempo passaram a existir. Estas são algumas das perguntas mais elementares que podemos fazer.

As informações contidas no livro estão organizadas numa ordem de crescente distância descritiva e conceitual da Terra, começando com nossas primeiras descobertas astronômicas antes de seguirmos para a amplidão do sistema solar e depois para as galáxias e o(s) universo(s) além. Nossas viagens se estenderão por 93 bilhões de anos-luz pelo espaço sideral afora e durarão quase 14 bilhões de anos. Escolhi cuidadosamente nosso itinerário, de modo que você consiga abarcar o universo inteiro com as mãos e descobrir o que pode ser mais interessante para você.

Então, acompanhe-me numa viagem pelo cosmos. Espero que você também se apaixone pelo céu noturno.

Capítulo Um

A Astronomia em seus Primórdios

Registrando a Passagem do Tempo

Muito antes de o céu ser um lugar cheio de planetas, galáxias e buracos negros, ele era o reino de deuses e maus agouros. O barulho de um trovão podia ser sinal de irritação do Todo-Poderoso; a passagem de um cometa era prenúncio de desgraça. Pelo menos, muitos de nossos ancestrais assim o viam.

Mas a função mais importante do céu era ser um relógio natural. Muito tempo antes do advento de relógios, computadores e telefones celulares, nossos antepassados perceberam que o céu tinha seu próprio ritmo natural. Notaram que o Sol aparece e desaparece ao longo de um período que passaram a chamar dia. Então, reuniram sete desses dias e formaram o que conhecemos como semana, cada um desses dias recebendo o nome dos sete corpos celestes que eles viam apresentar um comportamento diferente do que observavam nas estrelas (pág. 24).

Notaram também que a Lua mudava de aparência, aumentando e diminuindo de tamanho em sua travessia de fases, passando do estado de uma minguada meia-lua para o de uma esplêndida Lua cheia e depois repetindo o ciclo. Viram que essa mudança de formas levava quase 30 dias, período que eles chamaram "*moonth*".* O Sol perfaz também um ciclo, só que muito maior. Nascendo no Leste pela manhã e pondo-se no Oeste no fim da tarde, ele alcança o pico de sua diária escalada celeste ao meio-dia. No entanto, sua

---

* Termo inglês arcaico do qual deriva a palavra "*month*", que significa "mês", em inglês. A incessante transformação do idioma fez com que a palavra perdesse uma letra. (N. T.)

altitude acima do solo ao meio-dia nem sempre é a mesma. Observe seu movimento durante muitos meses, e você verá que o Sol desenha no céu um oito chamado "analema". No tempo em que leva para completar esse ciclo, o Sol nasce 365 vezes. Os antigos chamavam esse ciclo de ano. Esse período foi dividido em quatro estações, cada uma com suas características climáticas bem definidas. Afinal, viam que o inverno, a primavera, o verão e o outono se repetiam no mesmo período de tempo que o analema solar levava para ser traçado no céu.

O Sol parece desenhar a figura de um "oito" no céu ao longo de um ano.
Os astrônomos a chamam de analema.

Já por volta de 10.000 anos atrás, construíamos relógios enormes para acompanhar os ritmos naturais do céu. Em 2004, uma equipe de arqueólogos descobriu, na Escócia, um sítio arqueológico da Idade da Pedra, cujas origens remontam a essa época. Mais ou menos em 2013, eles tinham descoberto por que o artefato havia sido construído. Os arquitetos da obra cavaram 12 buracos ao longo de um arco com 50 metros de extensão — um para cada ciclo dos 12 ciclos lunares completos, que normalmente ocorrem em um ano (às vezes, pode haver 13 luas cheias em um ano se a primeira delas ocorrer no início de janeiro). Cinco mil anos depois, construtores iniciaram os trabalhos no imenso santuário de pedra circular de Stonehenge, em Salisbury Plain, Inglaterra. Em pé no interior do círculo, a pessoa consegue ver o Sol nascer logo acima de uma das pedras — a pedra do calcanhar —, no dia em que ele alcança a parte superior do analema (o solstício de verão).

Hoje, em plena era digital, costumamos cuidar dos assuntos da nossa vida moderna e agitada alheios aos ritmos do céu. Mas, para as civilizações antigas, era a única forma de medir o tempo, embora seus extensos estudos dos movimentos do Sol e das estrelas formem a base conceitual em que organizamos nosso cotidiano nos dias atuais.

Descobrindo o Formato da Terra

Não acredite em ninguém que lhe diga que as melhores mentes da Idade Média pensavam que a Terra era plana — fazia então quase 2.000 anos que sabíamos que ela não era assim. A pessoa a que temos de agradecer por esse conhecimento é o antigo matemático grego Eratóstenes, que fez tal descoberta sem sequer ter saído do Egito.

Ele notou, na cidade de Siena (atual Assuã), que o Sol pairava exatamente acima da cabeça das pessoas ao meio-dia no solstício de verão. Seu lance genial foi fazer uma medição da posição do Sol no mesmo instante do dia de um solstício de verão subsequente, em Alexandria, cidade situada a cerca de 800km de distância. Fincando uma estaca no solo e olhando para a sombra dela, ele pôde observar que ao meio-dia, ao contrário do que acontecia em Siena, a luz do Sol, na outra cidade, não incidia perpendicularmente sobre o topo da estaca, mas num ângulo de 7°. A razão desta diferença está no fato de que a superfície da Terra é curva, o que significa que a luz do Sol incide sobre cada cidade em ângulos diferentes.

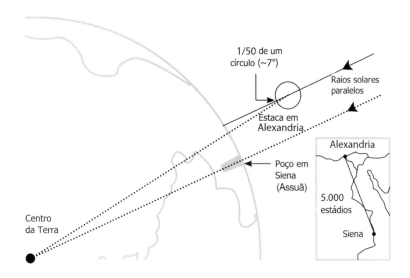

Eratóstenes calculou o comprimento de circunferência da Terra, observando, a partir de diferentes localidades do Egito, os ângulos das sombras formadas pela incidência da luz solar.

Mas ele foi ainda mais longe. Raciocinou que, se uma distância de 800km de Alexandria fazia com que o ângulo formado pela sombra apresentasse uma diferença de 7°, ele poderia ampliar isso para saber a distância representada por 360° completos. Isso dá à Terra uma circunferência com pouco mais de 41.000km (aliás, como ele fez seus cálculos usando uma antiga unidade de medida de distância chamada "estádio",* sua resposta foi algo próximo a 250.000 estádios). Seus cálculos ficaram entre 10-15% abaixo das modernas medidas do tamanho da Terra. Portanto, os gregos antigos não apenas já sabiam que a Terra era redonda, como também tinham muito boa ideia de quanto ela era grande.

---

* Antiga medida de distância grega, equivalente a 125 pés geométricos, ou seja, 206,25m (Fonte: *Dicionário Houaiss da Língua Portuguesa*). (N. T.)

ERATÓSTENES (256-194 a.C.)

Eratóstenes foi um dos primeiros polímatas [erudito, sábio muito instruído em várias áreas do conhecimento]. Além de seu trabalho sobre a circunferência da Terra, ele deu importantes contribuições à geografia, à música, à matemática e à poesia. Era tão respeitado que foi nomeado chefe da famosa Biblioteca de Alexandria, destruída depois por um incêndio proposital, mas que, no auge de seus dias de glória, foi um dos maiores repositórios de conhecimento do mundo na Antiguidade.

Com acesso a toda sorte de mapas e pergaminhos importantes, montou um mapa-múndi e o dividiu em zonas de acordo com o clima. Foi o primeiro a projetar uma grade cartográfica e a traçar meridianos, fornecendo as coordenadas geográficas de mais de 400 cidades. Graças a esse trabalho, é considerado por muitos o pai da geografia.

Talvez seu segundo feito mais expressivo tenha sido a invenção do crivo de Eratóstenes — uma tabela que identifica os números primos descartando os números cujo comportamento repetitivo significa que não podem ser primos (o número primo só pode ser dividido por dois outros — ele mesmo e 1).

Como forma de homenageá-lo, pelo reconhecimento da importância de seu trabalho, uma cratera na Lua recebeu o seu nome.

É possível que certas pessoas conhecessem o formato da Terra, e talvez até o seu tamanho, antes mesmo dos contemporâneos de Eratóstenes. Afinal, durante um eclipse lunar parcial, a sombra da Terra é projetada sobre a superfície da Lua (pág. 18). Essa sombra apresenta uma curvatura muito óbvia. Aliás, chegou-se a aventar que um livro chinês, intitulado *Zhou-Shu*, continha o registro de um eclipse lunar ocorrido em 2000 a.C. Mas, com certeza, a peça teatral *As Nuvens*, do grego Aristófanes, menciona a ocorrência de um eclipse lunar no ano 421 a.C. Se pessoas de alguma dessas duas civilizações entenderam que aquilo que puderam observar foi causado pelo fato de que o nosso planeta impede que, nesse caso, a luz solar chegue à Lua, então elas devem ter percebido que a Terra não era plana. E será justamente para o fenômeno dos eclipses que voltaremos nossa atenção a seguir.

Eclipses Solares

Eclipse é um fenômeno que ocorre no céu, no qual algo, que normalmente é visível, fica momentaneamente impedido de ser visto. Existem dois tipos principais de eclipse: o solar e o lunar. Durante o eclipse solar, ficamos impedidos de ver o Sol por causa da interposição da Lua entre ele e o nosso planeta; já no caso do eclipse lunar, o que ocorre é que a Terra se põe entre o Sol e a Lua, impedindo que a maior parte da luz solar incida sobre o nosso satélite natural.

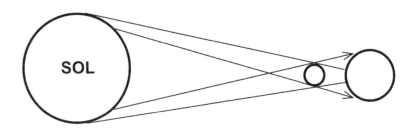

Vemos a ocorrência do eclipse solar quando a Lua bloqueia a visão que normalmente temos do Sol.

Há milhares de anos, os seres humanos observam, se encantam e se preocupam, principalmente, com eclipses solares. Dizem que, durante o reinado do rei chinês Zhong Kang, ele mandou decapitar dois astrônomos da corte por não terem conseguido prever a ocorrência de um eclipse solar. Isso foi há 4.000 anos. Antes do advento da nossa moderna compreensão do fenômeno, eclipses solares eram vistos quase sempre como prenúncio de acontecimentos ruins — eram os deuses manifestando seu desagrado para com os pecados da humanidade.

A forma mais espetacular de eclipse solar é o eclipse total — ocasião em que a Lua encobre totalmente o disco solar. No que diz respeito a qualquer localidade da Terra sob o ponto de vista do observador, são acontecimentos raros, mas um eclipse total ocorre em nosso planeta a cada 18 meses mais ou menos. A rápida passagem da Lua pelo céu faz com que o espetáculo nunca consiga durar mais que 7 minutos e 32 segundos. Talvez a parte mais bela de um eclipse solar seja o que se conhece como pérolas (ou grãos) de Baily, fenômeno assim denominado em homenagem ao astrônomo inglês do século 19, Francis Baily. Pouco antes e logo depois do eclipse total, os últimos e os primeiros haustos de luz solar conseguem chegar até nós somente através de crateras situadas, por assim dizer, nas bordas do disco lunar. Esse acontecimento dá origem a um deslumbrante efeito de cintilações, como uma espécie de colar de diamantes.

Durante o eclipse total, o céu escurece visivelmente e a temperatura cai. De repente, pássaros que gorjeavam felizes da vida silenciam, confusos com o súbito desaparecimento do Sol em pleno dia. Mas eclipses não são apenas uma chance para que observadores da cúpula celeste se encantem com um dos maiores espetáculos da natureza — são também uma oportunidade de valor inestimável para que astrônomos aprendam mais sobre o cosmos. Tal como veremos, alguns de nossos avanços mais importantes na compreensão do universo se deram graças à observação de eclipses solares totais (págs. 50-1).

A borda do disco solar com cintilações diamantinas
conhecidas como pérolas de Baily.

Porém, nem todos os eclipses solares são totais. Muitas vezes, a Lua encobre apenas parte do disco solar. Durante esses eclipses solares parciais, tem-se a impressão de que alguma coisa arrancou um pedaço do Sol com uma grande mordida. A distância da Lua em relação à Terra varia ligeiramente e, por isso, a Lua fica bastante longe de nós às vezes, mostrando-se pequena demais para que possa bloquear totalmente a visão que temos do disco solar. Por isso, chamamos esses eclipses de anulares, termo oriundo da palavra latina *annulus*, que significa "pequeno anel".

Vale notar que estamos vivenciando uma época excepcional no que se refere à ocorrência de eclipses solares. Isso se deve ao fato de que, milhões de anos atrás, a Lua estava muito mais perto da Terra (págs. 81-2) e, com bastante frequência, devia encobrir totalmente o Sol, mas sem o grandioso espetáculo das pérolas de Baily. No futuro, à medida que a Lua for se afastando, acabará se mostrando pequena demais para nos presentear com eclipses solares totais. Nossos remotos descendentes terão de se contentar apenas com eclipses parciais e anulares.

Eclipses Lunares

Conseguimos ver a Lua somente porque ela reflete a luz do Sol. Mas, durante um eclipse lunar total, toda a luz vinda diretamente do Sol é bloqueada pela Terra. A Lua se põe totalmente na sombra da Terra — ou em sua *umbra*. Quando a Lua se põe parcialmente na sombra da Terra, temos um eclipse lunar apenas parcial ou *penumbral*.

Embora a luz vinda *diretamente* do Sol seja impedida de alcançar a Lua durante um eclipse total, ainda assim parte dessa luz chega à superfície lunar por vias indiretas. Isso ocorre graças ao fato de que a atmosfera da Terra desvia — ou *refrata* — uma pequena parte da luz do Sol, fazendo-a contornar o nosso planeta. Aliás, vale considerar que a luz branca é, na verdade, a mistura das sete cores do arco-íris (págs. 37-8) e que a nossa atmosfera desvia a luz vermelha na direção da Lua — o restante é espalhado pelo espaço. É por isso que a Lua apresenta vários tons de cobre, laranja ou vermelho durante um eclipse lunar total. Cinzas vulcânicas presentes na atmosfera intensificam o efeito e fazem a Lua adquirir uma tonalidade rubra (fenômeno conhecido como Lua de Sangue). Sem a atmosfera da Terra, no entanto, teríamos a impressão de que a Lua inteira decidiu retirar-se temporariamente do céu.

Ao contrário de eclipses solares, que costumam ser raros e de curta duração, eclipses lunares são razoavelmente frequentes e duram mais tempo.

É muito mais fácil que um grande corpo, como a Terra, impeça de chegar luz a um pequeno astro celeste, como a Lua, do que este satélite encobrir a visão de um corpo enorme, como o Sol. Eclipses totais podem durar até 100 minutos e ser vistos pela maioria das pessoas na parte noturna da Terra.

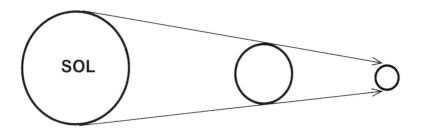

Vemos um eclipse lunar quando a Lua desaparece na sombra da Terra.

Os seres humanos vêm observando eclipses lunares há milênios. Antigas tabuinhas de argila sumérias datando de 2094 a.C. apresentam o registro de um eclipse lunar acompanhado de predições de uma catástrofe iminente — naquela época, superstição e eclipses andavam quase sempre juntos. O mais famoso eclipse lunar ocorreu em 1504, pouco depois de Cristóvão Colombo ter descoberto o Novo Mundo. O explorador italiano e sua tripulação ficaram retidos na Jamaica, forçados a fazer reparos em navios de sua frota enquanto vermes carcomiam seus cascos de madeira.

No início, os nativos foram hospitaleiros, mas os visitantes começaram a abusar e os irritaram com a pilhagem de sua comida. Seis meses depois, o cacique da tribo cortou o fornecimento de suprimentos. Desesperado, Colombo tratou de pensar rápido. Naquela época, todos os navios tinham almanaques astronômicos — catálogos ou tábuas com as posições das estrelas e apontamentos sobre fenômenos astronômicos para ajudar na navegação. O navegador acabou se dando conta de que um eclipse lunar estava previsto para ocorrer em 29 de fevereiro. Com uma atitude da mais pura astúcia, Colombo disse ao cacique que ele tinha contato com Deus e que Sua santa irritação com o tratamento dispensado a ele seria demonstrada, fazendo com que a Lua ficasse rubra de sangue. Quando, tal como previsto, na noitinha seguinte, o eclipse ocorreu, os nativos mostraram-se dispostos a voltar a cooperar.

Aliás, segundo um relatório do filho de Colombo: "Com muita gritaria lamentosa, eles vieram correndo de todas as direções, carregados de mantimentos, implorando que o almirante intercedesse, por todos os meios possíveis, junto a Deus em favor deles." Tal é o extraordinário poder daquele que sabe como o universo realmente funciona e quanto as superstições são perigosas.

As Constelações

Juntamente com a Lua, o céu noturno é dominado pela presença das estrelas. Em noite de céu limpo, milhares delas podem ser vistas, e, ao longo dos milênios, muitas civilizações independentes brincaram, por assim dizer, com imensos jogos de ligar os pontos, associando-os em sua imaginação e, assim, formando grupos ou imaginárias conformações estelares conhecidas como constelações. Na maioria dos casos, são configurações totalmente infundadas, com as estrelas de cada figura tendo pouco a ver com as outras, a não ser por sua aparente proximidade em nosso céu. Muitas estão longe de qualquer verossimilhança com o que dizem representar. Consideremos, por exemplo, a constelação conhecida como Cão Menor — Canis Minor. Ela é formada apenas por duas estrelas ligadas entre si por uma única linha imaginária. Portanto, nada parecida com um cãozinho — e que nem sequer tem pernas.

Isso se deve ao fato de que os enredos de histórias preexistentes a essas associações de ideias foram psicologicamente projetados nesses conjuntos de estrelas. Narrativas de príncipes heroicos, donzelas em perigo, reis fúteis e dragões fantásticos eram contadas usando o céu noturno como um gigantesco livro infantil ilustrado. Antes da existência do livro impresso, nossas narrativas faziam parte de uma rica tradição do ato de contar histórias. E as estrelas eram uma forma de rememorá-las. Porém, mais do que isso, elas eram um meio de transmitir informações de vital importância às gerações seguintes.

Nossos antigos ancestrais perceberam que, assim como as condições climáticas, algumas constelações iam e vinham com as estações. A famosa Constelação de Órion se destaca no céu do hemisfério norte no inverno, mas sai de cena quando o tempo começa a melhorar. Pela observação desses sinais astronômicos, nossos antepassados sabiam qual era a melhor época para o plantio e para a colheita. Na prática, portanto, o conhecimento dos fenômenos astronômicos era como ter um gigantesco manual de agricultura repassado de pai para filho, como forma de contar histórias sobre estrelas. As constelações facilitavam muito a recordação dessas informações.

Xilogravura de Albrecht Dürer das constelações do hemisfério norte, feita em 1515.

Hoje, astrônomos profissionais reconhecem oficialmente 88 constelações, que se estendem por ambos os hemisférios. Grande parte das constelações do hemisfério norte é um legado dos mitos e das lendas que herdamos dos antigos gregos e romanos. Alguns exemplos dessa herança são o famoso cavalo alado Pégaso e seu cavaleiro Perseu. Já a maioria das constelações do hemisfério sul foi imaginada pelos primeiros exploradores europeus, que fizeram o registro cartográfico de suas águas ainda inexploradas. Por isso, elas são um tanto mais práticas e um pouco menos fantasiosas. Essas representações estão cheias de microscópios, telescópios, equipamentos náuticos, navios, peixes e aves marinhas.

Cada civilização teve suas próprias constelações, desde os aborígenes australianos e os chineses até os inuítes do Alasca e os incas. Mas a eclosão da revolução científica na Europa levou à adoção das constelações greco-romanas, usadas globalmente agora como padrão. Elas foram modificadas e simplificadas muitas vezes ao longo dos séculos, mas, em 1922, a União Astronômica Internacional (UAI) perpetuou-lhes oficialmente as características.

Elas continuam a ser um recurso útil para a demarcação do céu noturno, em vez de uma característica real do universo. Se você nascesse num planeta que girasse em torno de outra estrela no céu noturno, e não ao redor do Sol, ainda assim você veria grande parte das mesmas estrelas, mas de um ponto de vista totalmente diferente. Com elas aparecendo em diferentes posições em relação umas às outras, é quase certo que seus ancestrais teriam criado figuras representativas completamente diferentes das que se conhecem hoje.

O Zodíaco e a Eclíptica

As estrelas continuam no mesmo lugar durante o dia. Nós é que não conseguimos vê-las, pois o Sol ofusca, por assim dizer, a escassa luz que irradiam. É como tentar ver uma vela acesa em meio aos holofotes de um estádio esportivo com 80.000 lugares. Contudo, é possível falarmos do Sol como um integrante de uma constelação específica, ainda que não possamos ver individualmente as estrelas que compõem o conjunto no momento.

A cada dia, o Sol parece mover-se pouco menos de 1° pelo céu em comparação com as estrelas do plano de fundo. Em um ano, ele completa um circuito de 360°. O caminho aparentemente percorrido em sua passagem pelo céu é conhecido como *eclíptica*. Isso não passou despercebido pelos nossos ancestrais. Tanto que, já no longínquo primeiro milênio a.C., os babilônios dividiram a eclíptica em 12 constelações — uma para cada ciclo lunar de um ano normal. Mesmo que você não saiba muita coisa sobre astronomia, é provável que tenha ouvido falar na moderna versão destas constelações: Áries, Touro, Gêmeos, Câncer, Leão, Virgem, Libra, Escorpião, Sagitário, Capricórnio, Aquário e Peixes. Estas são as 12 constelações ou signos do "zodíaco", termo que significa "círculo de pequenos animais".

CAPÍTULO UM: A ASTRONOMIA EM SEUS PRIMÓRDIOS

No passado, havia, na maneira de pensar das pessoas de então, uma íntima correlação entre misticismo e superstição. Acreditava-se que fenômenos celestes influenciavam comportamentos e acontecimentos na superfície terrestre. Esta é a origem da astrologia — a ideia de que os movimentos e as posições dos corpos celestes afetam os assuntos dos seres humanos. Principalmente, no caso, a de que a constelação sob cujo ascendente o Sol estiver no dia de seu nascimento terá alguma influência em sua vida até o fim de seus dias na Terra. Porém, nossa moderna compreensão de *astronomia* nos permite afirmar que não existe nenhuma prova de que isso de fato ocorra. As estrelas são apenas grandes esferas de gás superaquecido muito distantes de nós. Suas posições celestes no dia em que você nasceu têm tanta chance de influenciar sua vida ou sua personalidade quanto a posição de um vaso na prateleira da enfermaria da maternidade ou o fato de que o carro do seu pai foi deixado no estacionamento do hospital virado para o norte.

Xilogravura do século 16 exibindo os 12 signos do zodíaco, os quais, em conjunto, assinalam o caminho imaginário percorrido anualmente pelo Sol no céu.

Todavia, o zodíaco e a eclíptica tiveram um importante papel em nossa mudança: de um quadro supersticioso para um panorama bem mais lógico e científico da realidade. Tal como veremos adiante, a observação do movimento de corpos celestes próximo à eclíptica foi fundamental para revolucionar a nossa compreensão acerca do lugar que ocupamos no universo e da necessidade de abandonar ideias antiquadas e infundadas.

Estrelas Errantes

Para os antigos, havia três tipos de estrelas. As que permaneciam impecavelmente posicionadas em suas constelações eram conhecidas como estrelas *fixas*. Todavia, de vez em quando, aparecia uma estrela *cadente*, cruzando velozmente o céu com um brilho de curtíssima duração (pág. 76). Depois, também descobriram que havia estrelas *errantes*. E apenas cinco formavam esse pequeno grupo de astros rebeldes, desafiando as regras normais da mecânica celeste. Elas eram vistas movendo-se próximo à eclíptica, entrando na constelação zodiacal antes de partirem para outra. Em grego, "estrela errante" significa *asteres planetai*, expressão da qual tiramos o nome moderno destes astros errantes: planetas.

Na Europa, esses desajustados celestiais foram chamados de Mercúrio, Vênus, Marte, Júpiter e Saturno, em homenagem aos deuses do panteão romano. Juntamente com a Lua e o Sol, eles compõem os sete corpos celestes que parecem fugir às regras e atravessar constelações. Nossos antigos ancestrais deram seus nomes aos sete dias da semana (ver abaixo). O fato de que civilizações distantes criaram, por si sós, uma semana de sete dias indica que isso se deu porque conseguiam ver os sete corpos celestes movendo-se próximo à eclíptica. Afinal de contas, a criação de outros períodos de tempo resultou também da observação do céu.

Em inglês	Em francês	Em espanhol	Corpo celeste
Monday	Lundi	Lunes	Lua
Tuesday*	Mardi	Martes	Marte
Wednesday*	Mercredi	Miércoles	Mercúrio
Thursday*	Jeudi	Jueves	Júpiter
Friday*	Vendredi	Viernes	Vênus
Saturday	Samedi	Sábado	Saturno
Sunday	Dimanche	Domingo	Sol

* As palavras inglesas designativas desses dias não têm correspondência com as formas romanas desses planetas porque provêm dos nomes de deuses nórdicos/anglo-saxões.

Os planetas Urano e Netuno deslocam-se também ao longo da eclíptica, mas eram desconhecidos pelos antigos, pois ficam muito longe do Sol e, portanto, indistintos demais para serem vistos sem telescópio. É interessante pensar que, se os seres humanos tivessem desenvolvido maior acuidade visual e, assim, a capacidade de ver Urano e Netuno a olho nu, talvez vivêssemos num mundo com uma semana de nove dias.

Se você observasse os planetas durante meses e anos, notaria que parecem fazer algo estranho. Primeiro, porque se movem numa direção ao longo da eclíptica, mas depois param, mudam de direção e retornam ao local de onde vieram. Isso é conhecido como *movimento retrógrado*. Qualquer pessoa que afirmasse entender como funcionam as coisas do céu tinha de ser capaz de explicar esse comportamento incomum.

Ptolomeu e o Modelo Geocêntrico

Civilizações do passado, principalmente os gregos antigos, juntaram tudo que conheciam a respeito do céu para criar um sistema cosmogônico. Elas sabiam que a Terra era esférica e que o Sol e as estrelas pareciam transitar pelo firmamento uma vez por dia. Sua experiência diária lhes dizia que a Terra não se movia — com certeza, não tinham a impressão de que isso acontecia. Portanto, é natural que tivessem concluído que vivíamos numa Terra estática, em torno da qual giravam o Sol, a Lua, os planetas e as estrelas. Essa ideia de uma Terra fixa e central é conhecida como modelo *geocêntrico*.

E fazia muito sentido. Porquanto, não apenas coincidia com o que observavam no céu, mas harmonizava-se com as ideias religiosas sobre a crença de que a Terra era o centro da criação. Na maioria dos modelos teóricos da época, a Terra aparecia no meio do universo cercada por uma série de rodas em que estavam posicionados o Sol, a Lua, os planetas e as estrelas. Na visão dessas civilizações, como a Lua era o astro que se movia mais rapidamente pelo céu, era natural que ficasse posicionada na primeira roda. Depois, vinham Mercúrio, Vênus, o Sol, Marte, Júpiter e Saturno. Para além de Saturno, ficava a roda pertencente às estrelas fixas em suas constelações.

Os astrônomos da Antiguidade acreditavam num
universo geocêntrico, no qual o Sol girava em torno da Terra,
como mostra uma ilustração de 1687.

No entanto, havia um grande problema com esse modelo — ele não podia explicar, não sem extrema dificuldade, o movimento retrógrado dos planetas. Afinal, por que algumas dessas rodas parariam de repente de girar e depois recomeçariam em sentido contrário? O matemático grego Cláudio Ptolomeu achou uma solução para o problema que ficou conhecida como Sistema de Ptolomeu. Ele disse que os planetas se moviam num pequeno círculo denominado epiciclo, e que esse círculo, por sua vez, se movia em torno da Terra num círculo ainda maior, ou numa órbita chamada deferente (ver ilustração, pág. 27). Quando o movimento do planeta ao longo do epiciclo tem a mesma direção do deferente, vemos o planeta deslocar-se num sentido ao longo da eclíptica. Mas o planeta parece mudar de direção quando orbita em torno do epiciclo em direção contrária à do deferente. Foi uma solução inteligente e tão precisa na explicação dos movimentos dos corpos celestes que permaneceu válida por mais de 1.000 anos.

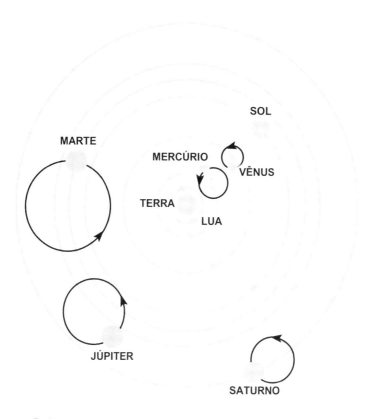

Ptolomeu criou os conceitos de deferentes e epiciclos para explicar o movimento retrógrado dos planetas.

CLÁUDIO PTOLOMEU (*c.* 100 – *c.* 170)

Para um homem com tamanha influência, que perdurou por mais de 1.000 anos no pensamento astronômico, é surpreendente quanto se sabe tão pouco sobre Ptolomeu. Somente seu trabalho sobreviveu ao tempo. Ele viveu em Alexandria, então parte do Império Romano e agora pertencente ao Egito.

Em seu livro *Hipóteses planetárias*, expôs seu sistema de epiciclos e tentou também calcular o tamanho do universo. Ele achava que a distância do Sol era 605 vezes superior ao diâmetro da Terra (na verdade, essa proporção corresponde a quase 12.000 vezes). Pensava também que a distância entre o nosso planeta e as estrelas equivalia a 10.000 vezes o diâmetro da Terra (ela é 3 bilhões de vezes superior). Em outro de seu famoso trabalho sobre astronomia, *Almagesto*, Ptolomeu relacionou 48 constelações (em contraste com as 88 registradas na atualidade) — muitas das quais ainda são usadas como referência.

Ele era um entusiasta da astrologia, embora muitas fontes lhe atribuam o mérito de haver percebido que as circunstâncias da vida de alguém também influenciam seu comportamento e sua personalidade. Escreveu livros sobre música, óptica e geografia. Assim como no caso de Eratóstenes, existe uma cratera na Lua com o seu nome.

Copérnico e o Heliocentrismo

Por volta do século 16, o sistema cosmogônico de Ptolomeu estava tão entranhado na cultura ocidental que questioná-lo poderia literalmente pôr a vida da pessoa em perigo. O cristianismo disseminou-se rapidamente pela Europa desde os tempos dos gregos antigos, e um de seus ensinamentos pétreos era que Deus criou o universo em sete dias. Portanto, parecia natural que a Terra fosse o centro do universo — por que não poupar esforços para evitar que sua obra acabasse parando no meio desse caldeirão de efervescências ideológicas? Porque argumentar que ela não ocupava o centro do universo era uma heresia. Todavia, no Oriente Médio, sábios do islamismo não eram tão aferrados a um dogma como esse e, já no ano 1050, estavam começando a encontrar falhas na ideia de geocentrismo de Ptolomeu.

Tanto é assim que, na Europa do século 16, um matemático polonês chamado Nicolau Copérnico percebeu que não precisava de epiciclos e deferentes para explicar o movimento retrógrado dos planetas. Bastava que a pessoa pusesse o Sol no centro do sistema e visse a Terra apenas como um dos planetas que giravam em torno dele. Esse é o sistema *heliocêntrico* da cosmogonia universal.

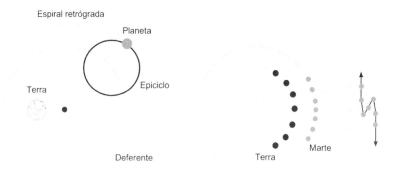

As formas de explicar o movimento retrógrado segundo os pontos de vista de Ptolomeu e Copérnico.

O movimento retrógrado de Marte seria simplesmente então uma consequência do fato de "ultrapassarmos"* esse planeta em nossa viagem em torno do Sol. Nosso movimento para as bandas de Marte nos dá a impressão de que ele se move em uma única direção, mas, assim que passamos pelo astro, parece que ele vai ficando para trás à medida que seguimos viagem. Nas primeiras décadas do século 16, Copérnico começou a escrever sobre suas ideias e deu cópias confidenciais a amigos confiáveis. Já em 1532, ele tinha certeza de que estava certo, mas relutou em divulgar o trabalho, temendo ser recriminado. Dizem — embora isto seja alvo de muita controvérsia — que Copérnico só foi ver o exemplar pronto no leito de morte. Segundo consta, convicto de que suas ideias seriam finalmente publicadas, morreu tranquilamente em 1543. Essa obra — *De revolutionibus orbium coelestium* (*Sobre a revolução dos mundos celestes*) — talvez seja um dos livros mais importantes escritos até hoje.

A obra provocou uma crise teológica. Em fins do século 16, o frade italiano Giordano Bruno tomou a dianteira da controvérsia ideológico-intelectual e não apenas argumentou que a Terra girava em torno do Sol, mas também que as estrelas eram símiles distantes do Sol, com planetas e tudo mais, e talvez até com seus próprios seres vivos. Em 1600, ele foi queimado vivo por heresia, fato que levou alguns historiadores a afirmar que suas opiniões sobre astronomia foram um de seus muitos "crimes intelecto-ideológicos".

---

* No original, *lapping*: ultrapassar no sentido de impor volta de vantagem, como numa corrida. (N. E.)

É que faltaram ao debate as provas necessárias para demonstrar de uma vez por todas se vivíamos mesmo num universo geocêntrico ou heliocêntrico. Só que um astrônomo estava dando o melhor de si para descobrir a verdade e, ao cabo desse esforço, acabou propondo uma combinação dos dois sistemas.

TYCHO BRAHE

O astrônomo dinamarquês Tycho Brahe era o exemplo perfeito de pessoa excêntrica. Durante a maior parte de sua vida adulta, teve de usar um nariz artificial de latão — aos 20 anos de idade, perdera a ponta do nariz num golpe de espada do adversário durante um duelo provocado por uma controvérsia sobre matemática. Alguns historiadores chegam a argumentar que William Shakespeare se inspirou em Brahe para criar seu personagem Hamlet — realmente, devemos levar em conta que os nomes dos personagens Rosencrantz e Guildenstern são os mesmos dos primos de Brahe. É até possível que toda a obra *Hamlet* seja uma complexa alegoria da batalha entre os defensores do sistema geocêntrico e do sistema heliocêntrico do universo, em que o personagem Cláudio é uma alusão a Cláudio Ptolomeu.

O que sabemos mesmo é que a verdadeira paixão de Brahe era a astronomia, algo em que ele era muito bom. Brahe fez medições mais precisas das coisas do céu do que qualquer astrônomo que o antecedeu. Tanto que o rei dinamarquês o presenteou com a pequena ilha de Ven (agora parte da Suécia), além de lhe ter concedido recursos financeiros para construir um gigantesco observatório astronômico no local, a que ele deu o nome de Uraniborg, termo que significa Castelo de Urânia — a filha de Zeus e musa da astronomia.

A agenda social do Uraniborg era quase tão digna de nota quanto as observações astronômicas feitas no lugar. Brahe contratou um bufão nanico chamado Jepp, que costumava se esconder debaixo de mesas e sair de lá de repente para surpreender os convidados. Mantinha também um alce domesticado na propriedade, que acabou tendo um triste fim quando resolveu matar a sede num barril de cerveja e, embriagado, rolou escada abaixo. Brahe teria igualmente um triste fim. Durante um lauto banquete em Praga, em 1601, ele se recusou a deixar a mesa para ir ao banheiro, apesar de ter consumido muita bebida alcoólica. Morreu onze dias depois, em consequência de uremia — estado clínico em que a pessoa apresenta uma quantidade excessiva de ureia no sangue. Sua bexiga simplesmente estourou.

Antes da morte precoce, aos 54 anos, Brahe registrou minuciosamente o movimento das estrelas e dos planetas no Uraniborg, usando sextantes e quadrantes — instrumentos optomecânicos para medir a altura relativa entre corpos celestes e suas distâncias angulares. Muitas de suas observações chegavam a ter um nível de precisão de 1/60 de grau. Isso o levou a adotar uma atitude de meio-termo, uma síntese intelectual eclética entre o geocentrismo e o heliocentrismo. Ele não conseguia acreditar que algo tão grande quanto a Terra se movesse e, assim, em seu sistema cosmogônico, o Sol e a Lua apareciam orbitando a Terra, com os planetas girando em torno do Sol. Assim como no caso dos epiciclos de Ptolomeu, isso explicava o movimento retrógrado dos planetas.

Brahe criou um sistema cosmogônico híbrido, em que a Terra continuava no centro, mas no qual alguns planetas orbitavam o Sol.

Pelo menos no papel. Contudo, ainda não havia provas suficientes para chegar a uma decisão definitiva a respeito de qual dos três sistemas — o ptolomaico, o copernicano ou o tychoniano — descrevia com exatidão o universo real em que vivíamos. Então, uma descoberta inesperada, feita por um fabricante de lentes holandês, mudou a astronomia para sempre.

A Invenção do Telescópio

Até então, todas as observações astronômicas eram feitas a olho nu, com sextantes e quadrantes. Eis que, em 1608, o holandês Hans Lippershey criou o primeiro telescópio, requerendo patente para um instrumento capaz de *ver coisas distantes, como se estivessem perto*. Não sabemos ao certo se ele foi mesmo a pessoa que criou esse tipo de instrumento, mas os historiadores sempre lhe atribuem o crédito pelo feito. Muitos avanços na história da ciência, tais como os marcados pelo "Eureka!" de Arquimedes ou pelo incidente envolvendo Newton e a queda da maçã, vêm acompanhados de histórias sobre o lampejo intelectual dos responsáveis por eles — provavelmente histórias inverídicas. No caso da invenção do telescópio, a coisa não foi diferente.

Dizem que o estalo de brilhantismo de Lippershey soou-lhe na mente quando viu duas crianças brincando com um caixa de lentes antigas em sua oficina. Ele constatou que, quando olhava para um distante cata-vento através de duas lentes de uma vez, elas faziam com que o objeto parecesse repentinamente muito maior. Lippershey baseou-se nesse efeito para construir um instrumento capaz de ampliar cerca de três vezes o tamanho de corpos celestes. Alguns anos depois, o cientista grego Giovanni Demisiani chamou essa nova invenção de *tele-scope*, termos gregos que significam "longe" e "olhar ou ver".

Mas foi um matemático italiano que soube explorar todo o potencial da nova invenção, segundo permitiam os limitados recursos tecnocientíficos da época. Com esse feito, a invalidade de uma ideia antiquíssima foi finalmente comprovada.

Galileu e suas Observações Telescópicas

Em 1608, o cientista italiano Galileu Galilei estava lecionando matemática na Universidade de Pádua. Durante uma viagem a Veneza, ele se deparou com o exemplar de um instrumento recém-inventado por um holandês cujo uso vinha se disseminando rapidamente pela Europa. Resolveu aperfeiçoá-lo e, em pouco tempo, produziu um telescópio capaz de ampliar oito vezes os corpos observados (bem superior ao de Lippershey, com sua capacidade originária de ampliá-los apenas três vezes). Não demorou muito, ele criou outro, desta vez capaz de ampliar até mais de trinta vezes os objetivos visados.

Para Galileu, ficou rapidamente claro que não vivíamos num universo totalmente geocêntrico. Ptolomeu estava errado. Em 7 de janeiro de 1609,

Galileu apontou as lentes de seu telescópio para Júpiter, vendo três pequenos corpos girando em torno do planeta. Uma semana depois, percebeu a existência de um quarto. As quatro maiores luas de Júpiter, satélites naturais que agora ostentam o nome de "luas de Galileu", em sua homenagem (pág. 97). Enfim, lá estavam quatro corpos celestes que não havia como duvidar de que não giravam nem em torno da Terra nem do Sol.

O argumento decisivo veio em setembro de 1610, quando Galileu notou que Vênus tinha fases, exatamente como a Lua. Viu que, às vezes, ele parecia "cheio", enquanto em outras tinha forma de meia-lua. Observou que Vênus parecia mudar de tamanho também, como se ficasse mais perto da Terra e depois se afastasse. Para nós, não seria possível observar Vênus tendo fases se tanto esse planeta quanto o Sol orbitassem a Terra, tal como Ptolomeu havia proposto. Pelo sistema ptolomaico, Vênus jamais poderia ficar entre a Terra e o Sol — um alinhamento que teria de acontecer para que pudéssemos ver as fases. Já nos sistemas tychoniano e copernicano, quando Vênus fica entre o nosso planeta e o Sol, quase não o vemos iluminado porque a maior parte da luz solar incide no outro lado do planeta. O lado que fica voltado para nós aparece totalmente iluminado quando ele se acha a uma distância máxima de nosso planeta.

Por fim, ali estava a prova para invalidar o antigo sistema geocêntrico de Ptolomeu. Porém, defender a validade do heliocentrismo ainda podia fazer a pessoa meter-se em maus lençóis. Quando Galileu apresentou argumentos em favor de Copérnico, atraiu sobre si a fúria do clero. Os clérigos defendiam a validade do sistema de Tycho porque se conciliava tanto com as fases de Vênus quanto com a necessidade da crença religiosa na condição da Terra como centro do universo. Em 1616, os responsáveis por um inquérito eclesiástico declararam que a ideia do heliocentrismo estava em contradição frontal com o que diziam as Sagradas Escrituras. Em 1633, Galileu foi levado a um tribunal e condenado por heresia. A sentença determinava que fosse posto sob prisão domiciliar para o resto da vida. Ele passou seus dias de condenado escrevendo importantes obras, ainda que a respeito de assuntos menos controversos, até morrer, em 1642, com 77 anos de idade. E a Igreja acabou perdoando Galileu — só que em 1992!

Galileu fez também desenhos das montanhas da Lua, baseando-se no comprimento das sombras para estimar a altura delas. Suas descobertas revelaram um mundo com picos mais altos do que aqueles que qualquer pessoa pensara ser possível. Primeiro observador a ver os anéis de Saturno, ele disse em suas descrições que pareciam "orelhas" se projetando de ambos os lados do planeta. Chegou a perceber até manchas na superfície do Sol e revelou que a nossa Via Láctea não era uma simples nuvem de gás, mas um denso aglomerado de estrelas.

JOHANNES KEPLER E SUAS LEIS PLANETÁRIAS

O matemático alemão Johannes Kepler foi um dos primeiros e mais veementes defensores do sistema cosmogônico copernicano, antes mesmo do advento das observações de Galileu. Tornado assistente de Tycho Brahe em 1600, Kepler ardia de vontade para descobrir as fórmulas matemáticas que demonstrassem o giro dos planetas ao redor do Sol. Ele teve permissão para usar o resultado das observações de Brahe, mas os dinamarqueses protegiam suas informações com muito cuidado. O fato de Brahe haver morrido apenas um ano depois de tê-lo contratado e de Kepler haver tido a "sorte" de herdar sua obra inteira tem levado alguns historiadores a classificar o episódio como jogo sujo. Quando, em 1901, o corpo de Brahe foi exumado, acharam vestígios de mercúrio em seus restos mortais. Ele realmente morreu de problema na bexiga? Ou Kepler o envenenou para acessar seu catálogo astronômico incomparável? Afinal de contas, o diário de Kepler é a única fonte de informações disponível sobre a morte de Brahe. Todavia, seu corpo foi exumado de novo em 2010, com testes tendo revelado que os níveis de mercúrio eram insuficientes para terem provocado a sua morte.

Na década posterior ao falecimento de Brahe, Kepler usou as observações do colega para formular suas famosas três leis dos movimentos planetários:

A Primeira Lei de Kepler: *Os planetas giram em torno do Sol em órbitas elípticas, com o Sol sendo um dos focos.*

Ele pôde observar que os planetas não giram ao redor do Sol em órbitas circulares perfeitas, tal como os antigos e até Copérnico haviam imaginado. Ao contrário, descrevem uma trajetória oval denominada elipse. A elipse tem dois focos — pontos matematicamente importantes na trajetória curva. O Sol fica num desses pontos.

A Segunda Lei de Kepler: *A linha imaginária que une o centro do Sol ao centro de um planeta percorre áreas iguais em tempos iguais.*

Uma das consequências do fato de planetas terem órbitas elípticas é que eles ficam mais perto do Sol em certos pontos de sua trajetória orbital ao redor da estrela do que em outros. Contudo, Kepler notou que uma linha imaginária entre o Sol e um planeta leva o mesmo tempo para se deslocar pela mesma área como um todo (ver abaixo). Em suma, a velocidade orbital do planeta aumenta quando ele está mais próximo do Sol e diminui quando se acha mais distante dele.

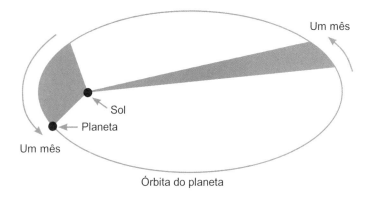

De acordo com Kepler, os planetas giram em torno do Sol em órbitas elípticas e se movem mais rapidamente quando mais perto do astro rei.

A Terceira Lei de Kepler: *O quadrado do período orbital de um planeta é proporcional ao cubo de sua distância do Sol.*

Basicamente falando, quanto mais longe um planeta estiver do Sol, mais tempo levará para completar uma volta em torno dele. De fato, é uma questão de bom senso — Mercúrio é o que demora menos a orbitar o Sol porque a sua é a menor das elipses a perfazer. Já Saturno demora muito mais para orbitá-lo, pois tem de percorrer uma trajetória muito maior. A grande descoberta de Kepler foi a das relações matemáticas exatas entre essas duas coisas. Usando as precisas observações de Brahe, ele notou que o "quadrado" (número multiplicado por si mesmo) do tempo de duração da órbita de um planeta (período) é proporcional ao "cubo" de sua distância do Sol (número multiplicado por si mesmo duas vezes).

Essas leis tinham bases *empíricas* — fundamentadas em observações diretas, e não em alguma explicação teórica lastreando a razão pela qual os planetas orbitam o Sol. A compreensão mais profunda do fenômeno viria em 1666, ano em que, segundo consta, um matemático inglês, depois de ter sido forçado a deixar Cambridge em razão de uma epidemia, estava sentado no jardim da casa de sua mãe quando uma maçã caiu em sua cabeça.

Isaac Newton e a Força da Gravidade

Parece que a história de Newton e a maçã tem algo de verdadeiro, mas a fruta não caiu em cima da sua cabeça. Pelo menos não de acordo com uma influente biografia intitulada *Memoirs of Sir Isaac Newton's Life* (1752). O biógrafo — William Stukeley — estava tomando chá com Newton num jardim após o jantar quando o famoso cientista lhe disse que pensara na ideia da gravitação depois que vira uma maçã cair no chão.

A principal constatação de Newton foi que todos os corpos estão sujeitos a uma força que os atrai para outros corpos do universo. A maçã é atraída pela Terra e, por isso, ela cai. E ela só para de cair porque atinge o solo. Newton percebeu que, se alguém conseguisse lançar uma maçã a uma altitude suficientemente grande e com bastante velocidade, ela daria a volta na Terra em sua queda, já que ficaria um bom tempo sem ter contato com a superfície terrestre durante a rotação do planeta. Ou seja, orbitaria o planeta. Seu grande salto no desenvolvimento do próprio raciocínio foi constatar que a Lua gira em torno da Terra pela mesma razão que a maçã cai em direção ao solo — é um movimento de queda livre, sem nada no caminho para atrapalhar. Tudo isso por causa da atração gravitacional entre dois corpos.

Newton publicou suas ideias sobre gravitação universal num livro intitulado *Philosophiæ Naturalis Principia Mathematica* (mais conhecido como *Principia*) em 1687. A obra continha também descobertas de enorme importância, incluindo suas famosas três leis do movimento. Newton afirma no livro que a atração gravitacional entre dois corpos é inversamente proporcional ao quadrado da distância entre eles. Isto significa que, se dobrarmos a distância entre os dois corpos, a força gravitacional entre ambos sofre uma redução de um quarto. Triplique essa distância, e ela fica nove vezes menor. O que tornou as ideias dele tão impressionantes foi que ele usou a Lei da Gravitação Universal e suas leis de movimento para provar a validade das Leis dos Movimentos Planetários de

Kepler (pág. 34). Por fim, o que ele queria mesmo dizer era o seguinte: "Sei por que os planetas giram em torno do Sol e posso provar, pois minhas ideias dão os mesmos resultados que as de Kepler."

Consideremos, por exemplo, a Segunda Lei de Kepler: uma linha imaginária que une o centro do Sol ao centro de um planeta percorre áreas iguais em tempos iguais. Em outras palavras, os planetas se movimentam mais rapidamente quando mais perto do Sol e percorrem a própria órbita mais lentamente quando se acham mais distantes dele. Newton apresentou uma explicação para esse comportamento. Ele explicou que a atração gravitacional entre dois corpos fica mais forte quanto mais próximos eles estiverem entre si e diminui quando distantes um do outro. Quando um planeta se acha perto do Sol, ele experimenta uma força de atração maior e a aceleração de seu movimento orbital; à medida que se afasta do astro rei, a intensidade dessa força diminui e o planeta se desloca mais lentamente pela órbita.

Todavia, por pouco a obra magna de Newton não foi publicada. É que a Royal Society tinha gastado a verba destinada a publicações editoriais num fiasco chamado *A história dos peixes*. Mas o astrônomo Edmund Halley interveio e pagou a publicação do próprio bolso. Com isso, evitou que um dos mais importantes livros de todos os tempos, tanto entre os científicos quanto entre os de outros gêneros, deixasse de chegar ao conhecimento do público.

Isaac Newton e a Luz

Mais ou menos na mesma época em que a queda da maçã acendeu a imaginação de Newton, ele estava muito empenhado também em experiências com prismas e luz. Não era nenhuma novidade fazer experiências com esses sólidos de vidro, e fazia tempo que se sabia que eles eram capazes de produzir uma série de cores diferentes a partir da luz branca. Mas, segundo a visão predominante então, eram os próprios prismas que coloriam a luz quando ela os atravessava. Para as pessoas da época, a luz era de um branco puro.

Newton provou a inverdade da ideia com uma experiência inteligente e simples. Num dia ensolarado de 1666, ele escureceu seu quarto e fez um furo na janela, de modo que um único feixe de luz solar entrasse no recinto. Em seguida, pôs um prisma no caminho da incidência da luz para produzir um pequeno arco-íris, tal como esperado. Agora vem a parte engenhosa do experimento. Ele pôs um segundo prisma, desta vez invertido, bem no meio da faixa de irradiação dessas luzes coloridas. Tal como previsto, o segundo prisma recombinou as luzes coloridas, voltando a transformá-las em luz branca. No fim das contas, verificou, portanto, que os prismas não acrescentavam cores às luzes. Enfim, a luz branca devia ser mesmo uma mistura de diferentes luzes coloridas que os prismas conseguiam separar (ou recombinar). Newton publicou os resultados de sua experiência em 1672.

O TELESCÓPIO DE REFLEXÃO

Newton criou um novo tipo de telescópio em 1668. Os primeiros telescópios eram *refratores* — usavam lentes para desviar ou *refratar* a luz. Mas o telescópio de reflexão (ou de espelhamento) de Newton evitava um dos maiores problemas que ocorriam com os refratores: *aberração cromática*. Lentes desviam cada tipo de luz colorida de maneira ligeiramente diferente, tal como acontece num prisma, o que faz com que nem todas as lentes consigam a mesma focalização.

No telescópio newtoniano, a luz entra no instrumento pela parte superior do tubo e incide num espelho côncavo na parte inferior. A luz é refletida de volta pelo tubo acima, chega a um espelho secundário plano e é desviada para o lado, onde uma lente ocular revela a imagem focalizada.

Hoje em dia, os maiores telescópios são de reflexão, pois existe um limite no tamanho do refrator. É que a luz precisa atravessar a lente, o que faz com que a peça tenha de ser fixada em ambos os lados. Crie uma lente grande demais, e é bem provável que ela desça pelo tubo, movida pelo próprio peso, e não mais focalize a luz adequadamente. Já o espelho pode ser fixado por trás. O maior refrator do mundo tem uma lente de um metro — ao passo que o maior refletor tem um tubo cujo diâmetro mede nada menos que mais de 10 metros.

Esta noção básica das propriedades da luz é fundamental para a compreensão de muitas áreas da moderna astronomia. Como veremos em seções posteriores, os astrônomos se apoiam nela com frequência em seus estudos.

Römer e a Velocidade da Luz
Os últimos anos do século 17 foram um período extremamente revolucionário em nossa compreensão das propriedades da luz. Porquanto, além das valiosas descobertas que Isaac Newton vinha fazendo sobre a origem das cores, o astrônomo dinamarquês Ole Römer estava tentando determinar a velocidade da luz.

Na década de 1670, o Real Observatório de Paris enviou uma equipe de astrônomos ao Uraniborg, o antigo observatório de Tycho Brahe na ilha de Ven, para fazerem cuidadosas medições das quatro luas de Júpiter. Mais precisamente, para registrar com exatidão a ocasião em que sumiam de vista quando eram encobertas pelo planeta eclipsante. Römer era o assistente local do astrônomo francês Jean Picard, ao qual ofereceram emprego em Paris como resultado de seu trabalho no Uraniborg.

Essas observações das luas suscitaram um mistério intrigante: é que, muitas vezes, os eclipses ocorriam antes ou depois do previsto pelos cálculos baseados na Lei da Gravitação de Newton. Contudo, já em 1676, Römer havia solucionado o fenômeno, baseando-se no trabalho do diretor do observatório, Giovanni Cassini. Eles acertaram em cheio quando argumentaram que a luz levava certo tempo para viajar pelo espaço. Antes, pensava-se que a velocidade da luz era infinita — que ela ia de um ponto A a um ponto B instantaneamente. Mas os eclipses das luas de Júpiter pareciam acontecer antes do esperado se a Terra e Júpiter estivessem próximos um do outro e, aparentemente, demoravam mais quando os dois planetas estavam distantes entre si. Römer calculou que a luz levava 11 minutos para percorrer uma distância igual à que separa a Terra do Sol. Isso envolveria uma velocidade de deslocamento de 220.000.000m/s.

Como hoje sabemos que a velocidade da luz é de 299.792.458m/s, Römer e Cassini não ficaram, portanto, muito longe do valor correto. O importante não é o número a que chegaram, mas o fato de que conseguiram demonstrar convincentemente que a velocidade da luz era finita — que leva mais ou menos tempo para chegar aqui ou acolá. Em nossas vidas diárias, nunca a vemos chegar ao destino porque é absurdamente rápida. Somente na travessia de distâncias astronômicas, sua propagação se torna perceptível. Voltaremos a tratar disso muitas vezes neste livro.

Uma forma comum de falar de distâncias cósmicas é usando a unidade de distância astronômica conhecida como ano-luz: a *distância* que a luz percorre no espaço sideral durante um ano. Propagando-se pelo espaço à velocidade de 299.792.458m/s, a luz percorre 9,46 trilhões de quilômetros em um ano. A estrela mais próxima da Terra depois do Sol fica a cerca de 40 trilhões de quilômetros de distância, ou 4,2 anos-luz. Nas medições envolvendo corpos celestes mais próximos, podemos usar horas-luz, minutos--luz ou até segundos-luz. Plutão, por exemplo, fica a 5,3 horas-luz da Terra. O Sol se encontra a 8,3 minutos-luz do nosso planeta, enquanto a Lua dista apenas 1,3 segundo-luz daqui.

Halley e seu Cometa

Na década de 1670, tanto os reis franceses quanto os ingleses mandaram construir observatórios com o objetivo de usar as estrelas como elementos de auxílio à navegação marítima. Na Inglaterra, o diretor do Real Observatório de Greenwich foi agraciado com o título de Astrônomo da Corte. Quando morreu, em 1719, John Flamsteed, o primeiro Astrônomo da Corte, o cargo foi passado a seu assistente Edmund Halley — o homem que tinha financiado com recursos próprios a publicação da obra *Principia*, de Newton (pág. 36).

Parte da razão pela qual Halley resolveu pagar as despesas de publicação de *Principia* estava no fato de que tinha visto pessoalmente a força do trabalho de Newton. Em 1684, três anos antes da publicação do livro, Halley fez uma visita a Newton, ocasião em que conversaram sobre gravitação universal e qual correlação ela podia ter com os cometas — gélidos aglomerados de rocha, poeira e gases dando cambalhotas ao redor do Sol (se bem que, na época, quase ninguém sabia disso). Em 1680, um cometa espetacular chamado Kirch havia cruzado o céu de forma esplendorosa. Newton utilizou as observações que Flamsteed fizera da passagem do cometa para demonstrar que ele também obedecia às Leis de Kepler — sua órbita era elíptica e ele se deslocava mais velozmente quando se aproximava do Sol. Portanto, assim como os planetas, ele devia ser afetado pela força gravitacional do Sol.

Por volta de 1705, beneficiando-se do trabalho de Newton, Halley tinha feito avanços e escreveu o próprio livro sobre cometas, que intitulou *A Synopsis of the Astronomy of Comets* (Um resumo das características astronômicas dos cometas). Sabedor agora de que cometas orbitavam o Sol, argumentou que três cometas, cujo aparecimento se dera em 1682, 1607 e 1531, eram, na verdade, os mesmos corpos celestes que faziam retornos periódicos às bandas da Terra em órbitas sucessivas. Ele previu que o retorno ocorreria em 1758. Halley morreu em 1742, portanto não pôde ver a reaparição do cometa, que aconteceu justamente no ano previsto. Desde então, esse corpo celeste é chamado de Cometa Halley, perpetuando-se assim uma forma de homenageá-lo.

Munidos desses conhecimentos, astrônomos e historiadores debruçaram-se sobre fontes históricas e descobriram registros da passagem do mesmo cometa estendendo-se sobre gerações e continentes. Verificaram que cometas observados na Grécia do século 5 a.C. e na China do século 3 a.C. apresentavam as mesmas características do Halley. O astro é tão conhecido que chegou a ser retratado na Tapeçaria de Bayeux. A última vez que o cometa voltou ao sistema solar foi em 1986 e, segundo previsões, seu retorno ocorrerá em 2061.

BRADLEY E A ABERRAÇÃO DA LUZ

Apesar dos sucessos de Galileu, Kepler, Newton e Halley, a polêmica em torno dos sistemas cosmogônicos tychoniano e copernicano prosseguia. Pois ainda não havia provas inquestionáveis de que a Terra girava de fato ao redor do Sol.

Tanto Picard, em Paris, quanto Flamsteed, em Greenwich, perceberam que, na verdade, a Estrela Polar — a estrela que parece ficar no mesmo lugar, independentemente da época do ano — move-se um pouco para frente e para trás ao longo de um ano. Seria necessário que James Bradley, o sucessor de Halley no cargo de Astrônomo da Corte, apresentasse uma explicação concreta e, com ela, enterrasse de vez todos os sistemas cosmogônicos inválidos.

Imagine luzes estelares caindo na Terra como chuva. Quando você andasse em meio a uma chuva dessa caindo na vertical, teria a impressão de que os pingos estariam atingindo seu guarda-chuva obliquamente. Na verdade, não seria a chuva que estaria caindo inclinadamente — seria o seu movimento em meio aos pingos que criaria o efeito. De modo semelhante, a Terra se desloca numa direção, através da "chuva" de luz estelar, durante o percurso de metade de sua órbita, e torna a entrar nessa chuva na direção contrária durante seu movimento pela outra metade. É esse efeito — conhecido como *aberração* — que faz as estrelas parecerem mover-se ligeiramente no céu noturno no decurso de um ano. Num sistema cosmológico tychoniano, com a Terra estacionária, esse efeito não existiria. Mas, finalmente, em 1729, Bradley nos deu provas concretas de que vivemos num sistema solar heliocêntrico, logo copernicano. Todavia, a Igreja Católica continuou a proibir a publicação de qualquer livro sobre heliocentrismo até 1758.

Quando você caminha debaixo de chuva, tem a impressão de que ela atinge o guarda-chuva inclinadamente.

A Conjunção de Vênus

Uma vez estabelecido que a Terra era um simples planeta, os astrônomos voltaram sua atenção para a questão de qual seria exatamente a distância a que estamos do Sol. A única forma de medir essa distância no século 18 era observando um raro fenômeno astronômico chamado Conjunção de Vênus, que ocorre quando esse planeta passa, sob nosso ponto de vista, bem na frente do Sol, gerando uma espécie de minieclipse solar.

Se pudesse observar tal conjunção de dois locais diferentes na Terra — quanto mais longe um do outro, melhor —, você veria o fenômeno começar e findar em horários um pouco diferentes, pois ficaria observando o Sol de ângulos ligeiramente diversos. Halley percebeu que era possível usar essa diferença de tempo para descobrir a distância entre a Terra e Vênus. Depois, com base na Terceira Lei de Kepler, é possível usar os dados para saber a distância entre a Terra e o Sol.

No entanto, com o planeta parecendo pequeno, em razão de sua grande distância de nós, esses fenômenos não são fáceis de observar sem o uso de telescópios. Essas conjunções ocorrem aos pares, com um período de oito anos separando uma da outra, mas depois temos de esperar mais de um século para observarmos o próximo par.

Johannes Kepler usou suas leis dos movimentos planetários para prever uma conjunção que ocorreria em 1631 — a primeira previsão desse tipo feita então. Ele acertou; porém, como era noite na Europa quando o fenômeno aconteceu, ninguém conseguiu vê-lo. Já o astrônomo inglês Jeremiah Horrocks previu corretamente outra conjunção em 1639 e, ao observá-la de sua casa perto de Preston, tornou-se a primeira pessoa a ver um fenômeno como esse. Em 1691, Edmund Halley concebeu o método para usar tais fenômenos com vistas a calcular a distância de nosso planeta em relação ao Sol, mas os astrônomos tiveram de esperar as duas conjunções seguintes, em 1761 e 1769, para realizar um esforço conjunto visando empregar o método de Halley.

Tão grande era a importância dessa medição — e a escassez de oportunidades para fazê-la — que astrônomos do século 18 não mediram esforços para evitar que a oportunidade escapasse. Observatórios europeus enviaram equipes de astrônomos a todas as regiões do globo para fazer observações das conjunções de 1761 e 1769, além de para muitos outros locais dentro dessas regiões, como forma de se garantirem contra a possibilidade de as condições meteorológicas atrapalharem o trabalho. Desse modo, se uma equipe ficasse impedida de observar o fenômeno por causa de um céu nublado, talvez outra pudesse contar com um céu limpo.

A The Royal Society (A Real Sociedade de Londres para o Melhoramento do Conhecimento Natural) incumbiu o HMS *Endeavour*, sob o comando do capitão James Cook, de zarpar para o Taiti com a missão de observar o eclipse de 1769. Cook levou consigo também ordens secretas do governo britânico determinando o que fazer após a conjunção — as autoridades mandaram que ele fizesse buscas no Pacífico para tentar encontrar um continente que, segundo se comentava na época, não havia sido descoberto ainda. É famoso o dia 29 de abril de 1770, data em que desembarcou em Botany Bay (na atual Sydney), local que se tornou o primeiro assentamento de colonos na Austrália continental.

As medições da Conjunção de Vênus observada a partir do Taiti levaram os astrônomos a concluir que a distância entre a Terra e o Sol era de 150.838.824km. Como o número atual é de 149.600.000km, os astrônomos do século 18 chegaram admiravelmente perto, levando em conta seus limitados recursos tecnocientíficos.

Pesando o Mundo

Os astrônomos queriam saber também quanto os planetas pesavam. No século 18, até mesmo a massa da Terra era um mistério. Edmund Halley, apesar de todo o sucesso com os cometas, achava que a Terra era oca. Em 1774, um de seus sucessores como Astrônomo da Corte — Nevil Maskelyne — demonstrou que ele estava equivocado.

Desde a época de *Principia*, de Newton, sabemos que todo corpo celeste está sujeito a sofrer a atração gravitacional de todos os outros corpos do universo. Quanto mais próximos entre si, mais forte é essa força de atração. O próprio Newton havia pensado na possibilidade de usar essa característica dos corpos para calcular o peso da Terra. Ele imaginou um pêndulo mantido suspenso perto de uma grande montanha. O disco na parte inferior do pêndulo fica sujeito à influência de três forças: a da atração gravitacional exercida sobre ele pela montanha, a da exercida pela Terra e a da tensão do fio que o mantém pendurado. O resultado é que o disco permanece sob ligeira inclinação em relação ao plano vertical, na direção da montanha. Aqui, a atração conjunta exercida pela montanha e pela Terra se iguala à força de tensão do fio. Se calcularmos a massa da montanha e o ângulo em que o disco é inclinado, podemos usar as equações de Newton para calcular a massa da Terra.

Por questões práticas, Newton descartou a ideia de realizar a experiência, achando que seria difícil demais medir a inclinação do disco. Maskelyne, porém, abraçou o desafio. Ele escolheu o pico de 1.083m de Schiehallion, na Escócia, em razão de sua forma cônica e simétrica. É relativamente fácil calcular o volume de um cone, e, se a pessoa conhece a densidade da rocha de que a montanha é composta, consegue calcular sua massa. Maskelyne estabeleceu pontos de observação em ambos os lados da montanha e, apesar de alguns reveses por causa das péssimas condições meteorológicas, acabou conseguindo medir o ângulo de inclinação do pêndulo baseando-se nas estrelas como pontos de referência. O agrimensor Charles Hutton começou então a calcular o volume da montanha. Para facilitar seus esforços, ele a dividiu em seções e, com isso, inventou as curvas de nível.

A equipe de Maskelyne chegou a uma estimativa da densidade média da Terra de 4,5g/cm³ (o valor moderno é de 5,5g/cm³). Visto que a densidade média da montanha Schiehallion era de apenas 2,5g/cm³, devia haver um material consideravelmente mais pesado do que a montanha sob a superfície da Terra — portanto, nosso planeta não podia ser oco. Até então, as densidades do Sol, da Lua e dos planetas tinham sido conhecidas apenas como múltiplos da densidade da Terra. Uma vez que a densidade média da massa da Terra fosse conhecida, astrônomos poderiam dizer algo também a respeito das densidades e massas de todos os outros grandes corpos celestes do sistema solar. Assim, uma montanha da Escócia serviu bem para a aferição do peso de todos os membros da família de planetas e satélites naturais.

Corpo celeste	Massa	Densidade
Terra	5,97 x 10²⁴kg	5,5g/cm³
	Em comparação com a Terra	
Sol	333.000	
Lua	0,01	0,61
Mercúrio	0,06	0,98
Vênus	0,82	0,95
Marte	0,11	0,71
Júpiter	317,8	0,24
Saturno	95,2	0,13
Urano	14,5	0,23
Netuno	17,1	0,30

HERSCHEL E URANO

Em 13 de março de 1781, William Herschel dobrou da noite para o dia o tamanho do sistema solar conhecido até então. De sua casa em Bath,

Inglaterra, ele havia descoberto um novo planeta, cuja distância era duas vezes superior à de Saturno em relação ao Sol. Como os demais planetas eram conhecidos desde os tempos antigos, foi a primeira vez que algum tinha sido realmente "descoberto". Verificou-se depois que muitos astrônomos — incluindo vários Astrônomos da Corte que trabalhavam em Greenwich — tinham-no visto antes, mas, como ele se move lentamente ao longo da eclíptica, sempre fora confundido com uma estrela. No começo, Herschel achou que era um cometa, mas aos poucos percebeu sua verdadeira natureza.

Contudo, foi necessário quase um século para que se chegasse a um acordo universal quanto ao nome que se deveria dar à descoberta. Como descobridor, Herschel tinha direitos sobre a escolha e decidiu por *Georgium Sidus* (ou Estrela de Jorge), em homenagem ao rei Jorge III, que o contratara como astrônomo. É fácil imaginar que esse nome não deve ter se popularizado em outros países. Em 1782, Urano — o deus grego do céu —, nome considerado uma alternativa perfeita, foi sugerido, já que Urano era o pai de Zeus (Júpiter). Mas somente em 1850 esse nome foi adotado oficialmente. E é um nome que faz o planeta se destacar. Afinal, todos os outros (inclusive Terra) receberam o nome de deuses romanos — Urano é o único com um nome grego.

Herschel e a Luz Infravermelha

Em 1800, Herschel fez uma descoberta talvez ainda mais importante que a de um novo planeta: a existência de um tipo de luz completamente diferente.

Assim como Newton mais de um século antes, Herschel estava fazendo experiências com prismas. E acabou desconfiando da existência de uma correlação entre cor e temperatura. Com isso, decidiu realizar uma experiência em que, fazendo a luz do Sol atravessar um prisma e pondo termômetros em diferentes posições da faixa de luz irisada (com as cores do arco-íris) que ela produziu, descobriu que as temperaturas mais altas estavam na extremidade vermelha da faixa. Depois, ele fez algo impressionante: moveu o termômetro para além da faixa vermelha do espectro, pondo-o num ponto em que parecia não haver luz nenhuma. O termômetro registrou uma temperatura ainda mais alta nessa região do que em qualquer outra parte da faixa de luz.

Herschel concluiu que devia haver certos "raios caloríficos" numa parte além da faixa vermelha do espectro solar. Suas experiências subsequentes com esses raios demonstraram que se comportavam exatamente da mesma forma que os raios de luz comuns. Hoje, esses raios caloríficos são conhecidos como radiação infravermelha. É a irradiação de luz invisível emitida por corpos quentes — e é por isso que as modernas câmeras com sensores infravermelhos são usadas para detectar assinaturas térmicas em perseguições policiais, campos de batalha e zonas de desastres.

A descoberta de Herschel foi o primeiro indício da existência de luz com características além da capacidade de percepção de nossos olhos. Assim como há sons com frequências muito baixas ou muito altas para o ouvido humano, existem frequências de luz muito baixas ou muito altas para nossos olhos captarem. Físicos modernos referem-se a toda a gama de frequências de luz como *espectro eletromagnético*. Ela vai das ondas de rádio e micro-ondas na extremidade da baixa frequência, passa pela luz visível e infravermelha, até a luz ultravioleta, os raios X e gama. Um astrônomo chamava tudo isso de luz.

Os primeiros telescópios eram todos sensíveis à mesma luz que nossos olhos podem ver — a luz visível. Mas astrônomos modernos contam com um arsenal de telescópios para devassar o invisível, aparelhos capazes de enxergar todas as frequências da radiação eletromagnética, desde ondas de rádio aos raios gama. Se por algum motivo ficássemos restritos ao estudo somente da luz visível, deixaríamos de tomar conhecimento de muitas informações que chegam à Terra provenientes do espaço.

Quando, em 2009, a Agência Espacial Europeia lançou o maior telescópio espacial infravermelho de todos os tempos, deu-lhe o nome de *Herschel*, como forma de reconhecimento da grande descoberta feita pelo astrônomo.

A Descoberta de Netuno

Se podemos dizer que Urano foi acidentalmente descoberto, no caso de Netuno devemos afirmar que foi intencional. Astrônomos observaram cuidadosamente a órbita de Urano nas décadas posteriores à sua descoberta e perceberam algumas irregularidades. O planeta nem sempre parecia estar no local previsto pelas equações de Kepler e Newton.

Todavia, logo se percebeu que não eram essas leis que estavam erradas. Aquilo que os astrônomos vinham observando era outro planeta, mais distante, e que estava afetando a órbita de Urano. Quando Urano se aproxima desse planeta inobservável por instrumentos de pouco alcance óptico, ele o atrai, acelerando-lhe o movimento. Uma vez que, ao passar pelo planeta que o atrai, este continua exercendo atração sobre ele como se tentasse fazê-lo voltar, a velocidade de movimento orbital de Urano diminui um pouco.

O matemático francês Urbain Le Verrier usou as equações de Kepler e Newton para calcular em que parte do espaço o planeta intruso ficava. Le Verrier enviou o resultado de seus cálculos ao astrônomo alemão Johann Galle, em Berlim, que apontou seu telescópio para essas coordenadas. E lá estava Netuno, esperando que ele o localizasse (Netuno se achava a 1° do ponto em que Le Verrier disse que ele estaria). Aliás, assim como Urano, ele tinha sido avistado várias vezes antes (inclusive por Galileu), mas sua baixa velocidade orbital tornava difícil distingui-lo de uma estrela.

Einstein e a Teoria da Relatividade Restrita

É a mais famosa equação em toda a esfera da ciência. Em 1905, a fórmula $E=mc^2$ chegou ao conhecimento do público quando Einstein publicou sua Teoria da Relatividade Restrita. De acordo com ela, energia (E) é equivalente a massa (m). Para se calcular quanta energia armazenada está contida em um corpo material qualquer, deve-se multiplicar o valor de sua massa pela velocidade da luz ao quadrado (c).

Foi um ano de fecunda produção intelectual de Einstein — ele publicou outros dois estudos históricos. Um deles lhe daria o Prêmio Nobel de Física em 1921, por haver descoberto que a luz é formada por partículas chamadas fótons. Suas descobertas foram simplesmente espetaculares, considerando o fato de que ele era um intelectual desconhecido nos círculos acadêmicos e científicos da época e trabalhava como um simples técnico examinador de patentes em Berna, na Suíça.

Com sua Teoria da Relatividade Restrita, Albert Einstein vai além do trabalho de Ole Römer na explicação das propriedades e do comportamento da luz (pág. 39). Einstein não apenas disse que existe um limite na velocidade de propagação da luz, mas também que há um limite de velocidade de propagação cósmica. Nada pode se deslocar no espaço sideral mais rapidamente do que a luz. Essa ideia é um resultado natural da equação E=mc². Quanto mais velozmente um corpo se move, significa que mais energia ele tem. Mas, como a equação nos diz que ganhos de energia significam também ganhos de massa, quanto mais rapidamente um corpo se move, mais pesado ele fica. Corpos mais pesados são mais difíceis de mover, portanto requerem mais energia para aumentar sua velocidade. Porém, quando se movem mais rapidamente, voltam a ficar mais pesados. Com o tempo, um corpo que se move com grande velocidade fica tão pesado que seria necessária uma quantidade infinita de energia para fazê-lo mover-se mais rapidamente. O limite desse aumento é a velocidade da luz.

Einstein e a Teoria da Relatividade Geral

Em 1915, não satisfeito em ter presenteado o mundo com sua Teoria da Relatividade Restrita, Einstein publicou seus escritos sobre a Teoria da Relatividade Geral. Com isso, revolucionou nossas ideias sobre gravitação universal.

Newton imaginava que a gravidade era uma força de atração exercida num espaço vazio por corpos celestes gigantescos. Para ele, é por isso que a Terra orbita o Sol. Já Einstein propôs que a Terra gira em torno do Sol porque este está sempre mudando a forma do espaço sideral ao seu redor. Juntando as peças das três dimensões espaciais e a dimensão do tempo, Einstein produziu um tecido conceitual quadridimensional que chamou de *espaço-tempo* e afirmou que corpos celestes gigantescos o encurvam.

A maneira clássica de visualizar isso é imaginar o espaço-tempo como um lençol bem esticado pelas pontas. Ponha uma bola de boliche no centro dele, como se fosse o Sol, e o lençol afundará ou encurvará, criando um desnível — ou uma concavidade — bem no meio. Agora, pegue uma bola de tênis para representar a Terra e faça-a rolar na beirada da concavidade. Assim você terá a ideia ou a impressão de que ela orbita a bola de boliche.

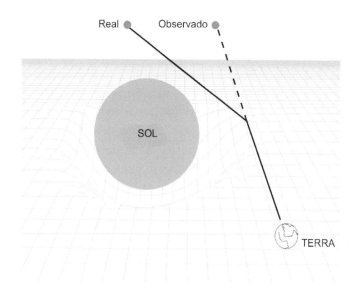

Einstein disse que corpos celestes gigantescos criam uma espécie de tecido quadridimensional curvo chamado espaço-tempo e que isso pode desviar a luz de estrelas distantes.

Faz muito tempo que astrônomos sabem que a teoria da gravitação universal de Newton não pode explicar certas esquisitices na órbita de Mercúrio. Quando Einstein aplicou os dados de seu conceito de espaço-tempo nos estudos do comportamento orbital de Mercúrio, tudo se encaixou perfeitamente. Todavia, para termos certeza de nossas conclusões, precisávamos de outra forma de teste. O segredo estava em aproveitar, para observações e estudos, as condições únicas presentes num eclipse solar.

Tanto Einstein quanto Newton concordavam que a força gravitacional do Sol desvia a luz de estrelas distantes, mas discordavam a respeito de quanto era esse desvio. Assim, em 1919, o astrônomo britânico Arthur Eddington foi enviado à minúscula ilha africana de Príncipe para descobrir por quê. Normalmente, não podemos ver estrelas perto do Sol durante o dia. No entanto, durante um eclipse solar, a Lua nos dá uma mãozinha, bloqueando a ofuscante luz do Sol. Eddington aproveitou a oportunidade para tirar fotos das estrelas que apareciam perto do Sol.

Tal como previsto, as estrelas se achavam rigorosamente onde Einstein disse que estariam, deslocadas de sua posição normal, exatamente no local em que deveriam estar se a sua luz tivesse seguido uma trajetória curva, provocada pelo encurvamento do espaço-tempo causado pelo Sol em torno de si (pág. 49). A relatividade geral continua a ser a melhor de nossas teorias sobre gravitação universal e, até agora, passou com êxito total neste e em todos os outros testes a que foi submetida.

ALBERT EINSTEIN (1879–1955)

Nenhum cientista que o antecedeu ou que o sucedeu é tão famoso quanto Albert Einstein. Seu rosto aparece estampado em roupas, pôsteres e canecas no mundo inteiro. Hoje, seu trabalho é tão importante quanto sempre foi e, mesmo depois de mais de 100 anos da publicação de suas Teorias da Relatividade Restrita e Geral, físicos continuam achando provas de que ele estava certo. Em todo caso, certo ou errado, seus cabelos grisalhos e seu jeitão de professor amalucado se tornaram a imagem estereotipada do cientista genial.

E certamente ele teve uma vida exuberante. Em 1903, casou-se com sua colega estudante de física Mileva Marić, mas, algum tempo depois, iniciou um relacionamento com sua prima de primeiro grau Elsa. Albert e Elsa se casaram em 1919, e ficaram juntos até a morte dela, em 1936. Dizem que Einstein ficou inconsolável.

Nascido numa família de judeus alemães, radicou-se nos Estados Unidos assim que Adolf Hitler subiu ao poder. Tornou-se cidadão americano em 1940. Em 1952, seus compatriotas lhe ofereceram o cargo de presidente de Israel, mas ele recusou. Morreu em 1955, em consequência de um aneurisma, e seu cérebro foi extraído sem permissão durante a autópsia, visando a maiores estudos relacionados com a inteligência.

CAPÍTULO DOIS

O SOL, A TERRA E A LUA

O SOL

Do que ele é feito?

Como podemos saber de que se constitui algo que fica a quase 150 milhões de quilômetros de distância? Sobretudo quando se trata de um corpo tão quente e brilhante que é óbvio que não podemos nos aproximar de nenhuma parte dele sem sofrermos queimaduras graves? Tal como no caso da maioria das coisas em astronomia, a resposta está na luz que recebemos dele.

No Capítulo 1, vimos que podemos usar um prisma para decompor a luz num espectro ou leque radiante de cores (págs. 37-8). No início de 1800, o físico alemão Joseph von Fraunhofer descobriu que o espectro solar não é um todo cromático inteiriço — contém um conjunto de mais de 500 tênues linhas ou raias negras, conhecidas agora como linhas ou espectro de Fraunhofer. Na década de 1850, os cientistas alemães Robert Bunsen e Gustav Kirchhoff explicaram por que elas existem. Essas linhas representam apenas cores inexistentes — lacunas em que diferentes substâncias presentes no Sol absorvem essas frequências de luz específicas e impedem que as respectivas cores cheguem à Terra.

Na verdade, essas linhas representam um código de barras químico contendo informações fundamentais acerca daquilo de que se constitui a fonte de luz. São como as impressões digitais do Sol. Tanto é assim que, aquecendo elementos químicos em laboratórios, Bunsen e Kirchhoff conseguiram estabelecer uma correspondência entre essas "linhas de absorção" de luz e as existentes no espectro solar (Bunsen inventou para esse objetivo o aparelho de aquecimento que leva seu nome). Eles descobriram que o Sol é composto principalmente de hidrogênio — o elemento químico mais leve existente no universo.

Mas, em 1868, o Sol surpreendeu os astrônomos. Nesse ano, o francês Pierre Janssen observou um eclipse solar e descobriu um segmento de linha que não correspondia a nenhum elemento químico conhecido. Nesse mesmo ano, o inglês Norman Lockyer encontrou uma linha idêntica durante uma observação do Sol. Lockyer e seu colega químico Edward Frankland batizaram o novo elemento de *helium*, baseando-se no termo "helios", palavra grega que significa Sol. Descoberto anos depois na Terra, foi o primeiro elemento químico a ser identificado no espaço sideral pela primeira vez. Graças a esse método de análise espectral de faixas do espectro solar — método conhecido como espectroscopia —, hoje sabemos que o Sol é formado por 73% de hidrogênio e 25% de hélio, com o restante de sua massa sendo composta por elementos que incluem o oxigênio, o carbono e o ferro.

De onde vem a sua energia?

Mesmo situado a quase 150 milhões de quilômetros, o Sol é capaz de queimar a nossa pele. A questão do que alimenta uma fornalha de tamanha imensidão foi uma das mais importantes entre os físicos de fins do século 19.

Avanços na área da geologia e da biologia — incluindo o trabalho de Charles Darwin sobre evolução por meio da seleção natural das espécies — proporcionaram indícios de que a Terra era um planeta muito mais velho do que se imaginava. Com o Sol sendo até mais velho, a compreensão de seu poder tornou-se questão ainda mais problemática. Descobrir um processo capaz de prolongar a existência do Sol por milhões de anos é uma coisa. Outra é tentar saber por que ele tem conseguido existir há *bilhões* de anos.

Muitos luminares das ciências na Era Vitoriana se recusavam terminantemente a acreditar na possibilidade de uma existência tão longa. Lorde Kelvin — destacado especialista em sistemas de aquecimento e energia — via na força gravitacional do Sol a sua fonte de energia. Afinal, à medida que parcelas de sua massa são comprimidas contra o núcleo solar, a pressão e a temperatura no astro aumentam. A explicação dada por Kelvin à origem da força energética do Sol estava nessa conversão de energia gravitacional em energia térmica. Todavia, ele calculou que o Sol consumiria toda essa imensa energia ao longo de algo próximo a 30 milhões de anos. Portanto, achava que sua idade devia estar abaixo disso, já que continuava irradiando e, assim, em 1862, rejeitou publicamente os cálculos de Darwin, segundo os quais a idade da Terra era de bilhões de anos.

Mas Darwin estava certo. A peça que faltava no quebra-cabeça apareceu em 1905, quando Einstein publicou sua famosa equação $E=mc^2$ (pág. 48). De acordo com ela, energia (E) e massa (m) eram, na verdade, a mesma coisa, e é possível converter uma na outra. Revelou também que, multiplicando-se a massa de um corpo pelo valor da velocidade da luz (c) ao quadrado, obtemos a resposta da quantidade de energia nele existente. Só que há uma complicação nisso: liberar energia da massa de um corpo exige condições de temperatura e pressão extremas.

Em 1920, o astrônomo britânico Arthur Eddington foi o primeiro a descrever o verdadeiro mecanismo pelo qual o Sol é abastecido de energia: fusão termonuclear. É possível produzir hélio com a fusão de átomos de hidrogênio sob condições de pressão e temperatura extremas, tais como as que existem no núcleo do Sol. Mas um fator crítico do fenômeno é que a massa do hélio resultante é um pouco menor que a do hidrogênio original. Essa quantidade de massa inexistente é a fonte de energia do astro rei — é transformada em energia de acordo com a famosa equação de Einstein. A cada segundo, o Sol transforma, por fusão termonuclear, 620 milhões de toneladas de hidrogênio em 616 milhões de toneladas de hélio. Os 4 milhões de toneladas restantes são transformados em irradiação luminosa ou luz solar.

Apesar do apetite voraz do Sol por hidrogênio, ele ainda tem 5 bilhões de anos de matéria solar para fundir. Veremos no Capítulo 4 o que acontecerá quando ficar sem combustível.

A forma exata pela qual o hidrogênio se transforma em hélio foi descoberta em 1939, quando Hans Bethe, físico nuclear germano-americano, publicou um esquema da cadeia de próton-próton (ciclo pp), na qual quatro prótons (núcleos de hidrogênio) acabam formando, por fusão termonuclear, um átomo de hélio. Embora esse processo aconteça cerca de 90 trilhões trilhões trilhões de vezes por segundo no núcleo do Sol, pode levar milhões de anos para que prótons individuais se fundam.

ARTHUR EDDINGTON (1882–1944)

Eddington foi uma das personalidades mais importantes na astronomia do início do século 20. Nascido no seio de uma família de quacres, estava prestes a solicitar isenção do serviço militar por questões religiosas, para evitar combater na Primeira Guerra Mundial, quando lhe concederam dispensa, em razão da importância de seu trabalho como astrônomo.

Quando, em 1915, Einstein publicou sua Teoria da Relatividade Geral — em alemão, durante a guerra —, Eddington era um dos poucos astrônomos capazes de entendê-la e trabalhou para divulgar suas principais ideias entre acadêmicos da língua inglesa. Os testes realizados por Eddington com a Teoria da Relatividade Geral durante um eclipse em 1919 transformaram Einstein numa pessoa famosa. Eddington nos deu também importantes contribuições para a compreensão do ciclo vital das estrelas, entre as quais a de seu cálculo conhecido como o limite de Eddington — o brilho máximo que uma estrela pode ter em relação ao seu tamanho.

Mas nem tudo o físico inglês conseguiu compreender. Na década de 1930, o astrofísico indiano Subrahmanyan Chandrasekhar, baseando-se na Teoria da Relatividade Geral, propôs a existência de buracos negros — uma ideia que Eddington atacou publicamente com críticas severas. Chandrasekhar jamais se esqueceu da afronta, mas, de certa forma, acabou se vingando ao ganhar o Prêmio Nobel de Física de 1983.

O problema do neutrino solar

Não temos condições de ver o núcleo do Sol para observarmos o ciclo pp em andamento. Contudo, conseguimos prever quanta energia o Sol deve estar emitindo se essa é mesmo a sua fonte energética. E os dois valores conferem.

Ainda assim, havia um problema persistente, irritante, que continuou a atormentar os astrônomos até o século 21: não era suficiente a esperada quantidade de neutrinos que chegava à Terra. Neutrinos são partículas subatômicas pequeníssimas, quase sem massa, além de um subproduto do ciclo pp e emitidas pelo Sol, inundando o sistema solar. Mas esses corpúsculos infinitesimais se revelam incrivelmente antissociais, com grande parte deles atravessando a matéria comum, como se fossem fantasmas que não estão nem aí para os corpos materiais. A cada segundo, é maior a quantidade de neutrinos que atravessa cada centímetro quadrado de seu corpo do que o número de pessoas existentes na Terra. No entanto, não nos fazem mal nenhum.

Desde a década de 1960, físicos vêm montando experiências complexas, mas detectam apenas a quantidade insignificante de sempre dessas partículas quando elas atravessam o nosso planeta. E logo perceberam que não era tão grande a quantidade delas que chegava aqui. Apenas cerca de 1/3 dos neutrinos previsto pelo ciclo pp estava sendo captado por seus aparelhos. Uma explicação aventada por eles era que os neutrinos se metamorfoseavam — mudavam de "forma" — em outros tipos de neutrino em sua viagem para a Terra. Portanto, nas primeiras experiências com neutrinos — apenas sensíveis a um tipo de neutrino —, os instrumentos deixavam de captar os outros dois tipos. É por isso que os cientistas viam apenas 1/3 do que esperavam ver.

Entre 1998 e 2006, experiências nos Estados Unidos e no Japão demonstraram que de fato existem três tipos de neutrinos e que o neutrino pode mudar de um desses tipos — ou *oscilar* de um tipo — para outro. Portanto, levando em conta a oscilação do neutrino, a quantidade deles que chega à Terra é exatamente o que poderíamos esperar se o ciclo pp é mesmo a fonte de energia do Sol.

A épica viagem da luz

Imagine uma pessoa cortando o Sol ao meio para olhar seus invólucros. Bem no centro, veria o núcleo da estrela, que ocupa aproximadamente sua quarta parte interna. Ali, a pressão gravitacional exercida pelo material solar dos envoltórios superiores aumenta a temperatura e a pressão a um nível alto o suficiente para transformar hidrogênio em hélio, por fusão termonuclear, via ciclo pp. A temperatura nessa parte do astro chega a assombrosos 15 milhões de graus centígrados; a pressão é tão grande que a massa do núcleo é treze vezes mais densa do que o chumbo.

Luz é irradiada do núcleo para a zona radioativa, que ocupa até 70% do diâmetro do Sol. A temperatura diminui à medida que nos afastamos do núcleo, até alcançar cerca de 1,5 milhão de graus centígrados na parte superior da zona radioativa. Embora, nesse afastamento do núcleo, a densidade da massa solar também diminua gradativamente, ainda existem partículas densamente compactadas entre si próximo a ele. Geralmente, uma partícula de luz não consegue deslocar-se mais de 1cm antes que se choque com alguma outra partícula e tenha a sua trajetória desviada.

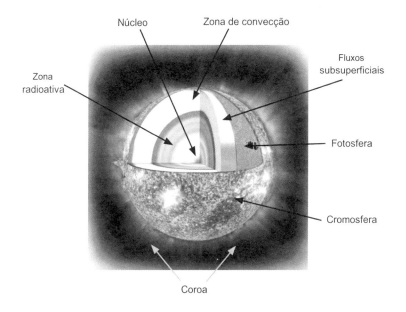

O Sol tem uma série enorme de invólucros,
que vão do núcleo à coroa, seu invólucro externo.

Se fosse possível seguir o caminho percorrido por uma partícula de luz (fóton), teríamos de esperar algo entre 100 milhões e 1 milhão de anos para vê-la sair do ambiente louco do bate-rebate de fliperama da zona radioativa. Ouvimos dizer com certa frequência que a luz do Sol com que nossos olhos se deparam, na Terra, já tem 8 minutos de vida, pois é o tempo que ela leva para viajar de lá até aqui. Esse é o tempo de viagem partindo ela da *superfície* do Sol, mas essa luz não é criada na superfície, e sim em seu núcleo. Na verdade, quando ela alcança os nossos olhos, tem 100.000 anos.

Já sua passagem pela zona de convecção é muito mais rápida. Normalmente, a energia luminosa leva apenas três meses para sair de lá. Assim que a luz chega à zona de convecção, é absorvida pelo gás solar. Isso aquece o gás, tornando-o mais leve, e, com isso, ele se eleva a partes mais altas, em direção à superfície do astro. Lá chegando, ele esfria, fica mais pesado e volta a descer, deslocando, por sua vez, partes mais quentes da massa solar. Esse ciclo de convecção transporta energia da superfície da zona radioativa para a fotosfera — o invólucro externo visível do Sol. À medida que os átomos da superfície da zona de convecção esfriam, liberam energia na forma de luz, que fica livre então para fluir em direção ao exterior e iluminar o sistema solar.

Na próxima vez em que sentir a luz do Sol no rosto, pare um instante para pensar, enquanto se banha em seus eflúvios radiosos, que ela pode ter até 1 milhão de anos de idade, na viagem colossal que fez do núcleo do astro rei até aqui.

Os envoltórios externos

A estrutura do Sol não termina na fotosfera. Existem algumas regiões muito mais rarefeitas para além dela — a saber, a cromosfera e a coroa. A cromosfera é a morada de fortes ejeções de gás, colunas com 500km de altura, conhecidas como espículos. Ocorrem centenas de milhares dessas ejeções no Sol a todo momento.

As temperaturas continuam a baixar à medida que vamos saindo do núcleo em direção à fotosfera, mas, de repente, começam a subir à proporção que nos afastamos da fotosfera, chegando a 8.000°C na parte superior da cromosfera. Elas continuam a aumentar através de um corredor relativamente estreito, de 100km de largura, conhecido como zona de transição, onde sobem para 500.000°C, na base da coroa. Temperaturas na coroa alcançam milhões de graus centígrados. Ninguém sabe ao certo por que o Sol começa a ficar mais quente de novo — esse *problema do aquecimento da coroa* é um dos temas mais importantes nas pesquisas modernas sobre o Sol.

Isso indica que físicos interessados em fenômenos solares desejam estudar a coroa o máximo possível, mas, normalmente, sua natureza delicada é ofuscada pelo brilho intenso dos invólucros mais interioranos do astro. Geralmente, tínhamos de esperar a ocorrência de eclipses solares totais, ocasião em que a Lua nos ajuda muito nas observações, bloqueando completamente o restante do Sol. Contudo, muitos telescópios espaciais modernos são equipados com coronógrafos — discos que bloqueiam visualmente quase por completo o disco solar para criar eclipses artificiais, de modo que astrônomos consigam estudar a coroa.

Esses olhos eletromecânicos voltados para o Sol não detectam apenas luz visível. Eles são sensíveis também a outras partes do espectro eletromagnético, incluindo os raios ultravioleta (UV) e os raios X. Observações como essa revelaram a existência de buracos coronais — regiões polares escuras que não emitem muita radiação. Eles podem durar meses e são a causa dos fortíssimos ventos solares (págs. 64-5).

Campos magnéticos e rotação diferencial

O Sol está longe da imagem que as pessoas têm da imutável esfera amarela que vemos no céu. Na verdade, ele é um corpo estelar dinâmico e de fenômenos violentos, com uma superfície fervente, constantemente remoldada e esculpida por intensa atividade magnética.

Nosso astro rei é um ímã gigantesco. Talvez você se lembre daquela conhecida experiência com ímãs e limalha de ferro dos tempos de escola. A limalha se alinha com as invisíveis linhas do campo magnético que se estendem entre os polos do ímã. Tanto o Sol quanto a Terra têm um campo magnético semelhante, estendendo-se de norte a sul. Nosso campo magnético é razoavelmente parecido com um ímã em forma de barra imantada, pois a Terra gira como um planeta sólido (págs. 73-4). O Sol, porém, é uma esfera composta por uma matéria gasosa superaquecida, em constante estado de violenta e confusa agitação, chamada plasma. Como não é um corpo sólido, no equador o Sol rotaciona a uma velocidade cerca de 20% superior à do giro de sua massa nos polos. Os astrônomos chamam esse fenômeno de *rotação diferencial*. A consequência disso é que o campo magnético equatorial é arrastado com mais velocidade, na frente do campo dos polos. Isso faz o campo magnético do Sol como um todo se tornar muito mais complexo à medida que vai sendo embolado e retorcido. Muito parecido com a confecção de uma mola ou a torcedura de um elástico de escritório, esse processo armazena energia nas linhas do campo magnético. Vemos a liberação dessa energia represada na forma de manchas e erupções na superfície solar.

Manchas solares

Manchas solares são uma das mais óbvias características do Sol — manchas escuras que geralmente aparecem em grupos. Galileu foi o primeiro a observá-las com um telescópio, nos primórdios do distante século 17, mas existem registros de manchas solares vistas a olho nu que remontam a mais de 2.000 anos. Isso é possível porque algumas chegam a ficar do tamanho de 10% do diâmetro do Sol como um todo (ou 160.000km). Isso é 12,5 vezes maior que o diâmetro da Terra. Normalmente, manchas solares duram algo entre vários dias ou semanas, mas as mais persistentes podem continuar a existir durante meses.

Ao longo dos anos, explicações sobre sua origem têm sido as mais variadas: desde tempestades na atmosfera do Sol a colisões de cometas errantes com sua superfície. Hoje, sabemos que são apenas regiões menos quentes da fotosfera. A temperatura média da fotosfera gira em torno de 5.500°C, enquanto a de uma mancha solar oscila, na maioria dos casos, entre 3.000 e 4.000°C. Em regiões com manchas solares, fortes campos magnéticos evitam o máximo possível a subida de calor da zona de convecção, situada abaixo. É por isso que manchas solares aparecem quase sempre aos pares — uma para cada polaridade magnética.

Desde os tempos de Galileu, astrônomos vêm fazendo registros detalhados de números relacionados a manchas solares. E existe um óbvio padrão de manifestação do fenômeno — o número de manchas solares parece atingir o auge após cerca de 11 anos, depois dos quais diminui e volta a crescer gradualmente. A série de outros fenômenos solares — as explosões solares, as protuberâncias e as ejeções de massa coronal, as quais veremos nas próximas seções — segue também essa tendência. São necessários por volta de 11 anos de rotação diferencial para retorcer suficientemente o campo magnético do Sol para que ele se rompa, mas ele volta a restabelecer suas características normais e depois acaba sendo submetido a nova torcedura.

Mas os astrônomos também perceberam a existência de outros padrões fenomênicos. O primeiro deles é chamado de Lei de Spörer, em homenagem ao astrônomo alemão Gustav Spörer. No início do ciclo de 11 anos, manchas solares aparecem em altas ou baixas latitudes solares — em outras palavras, longe do equador solar. Todavia, à medida que o ciclo avança, elas vão aparecendo cada vez mais perto do equador. A variação temporal das posições das manchas solares projetada num gráfico se assemelha a uma borboleta — daí o fato de ele ser conhecido como Diagrama Borboleta. Segundo a Lei de Joy, assim denominada em homenagem ao astrônomo americano Alfred Joy, ocorre uma inclinação sistemática no alinhamento dos pares de manchas solares em relação ao equador solar, com a maior ficando mais próxima dele.

ANNIE MAUNDER (1868-1947)

Nascida na Irlanda do Norte, Maunder (Russell, quando solteira) estudou em Cambridge antes de ter se tornado um dos "computadores humanos" do Real Observatório de Greenwich. Responsável por tirar fotografias do Sol e realizar cálculos, conheceu, no Observatório, o colega astrônomo Walter Maunder, com o qual se casou em 1895. Mas, por causa dos valores sociais da época, viu-se forçada a abandonar oficialmente o emprego após o matrimônio.

Contudo, o casal continuou a trabalhar junto na busca da compreensão dos fenômenos solares e, principalmente, das manchas. Os dois examinaram registros sobre manchas solares históricas e notaram uma correlação entre baixos números de manchas solares e períodos de temperaturas menores na Terra. Por isso, o período entre 1645 e 1715 é conhecido como o Mínimo de Maunder ou, em circunstâncias menos formais, como a Pequena Era Glacial.

Maunder — uma grande divulgadora da astronomia junto ao público — foi uma das primeiras mulheres eleitas a membro da Royal Astronomical Society, quando passou a ser autorizado o ingresso de mulheres na instituição, em 1916. Agora, a Royal Astronomical Society concede anualmente a Medalha Annie Maunder aos grandes divulgadores das ciências espaciais da atualidade.

Explosões solares, protuberâncias e filamentos

A maioria das pessoas acha que nunca se deve ficar olhando diretamente para o Sol. Embora seja um bom conselho na maior parte dos casos — afinal, isso é capaz, sim, de causar danos gravíssimos —, você pode olhar diretamente para o Sol se estiver usando um telescópio solar especial. Filtros específicos reduzem a intensidade da luz, deixando passar apenas um tênue e inofensivo fio de radiação luminosa.

Portanto, se olhar para o Sol dessa forma, é muito provável que, juntamente com as manchas solares, você veja o que parecem chamas minúsculas saindo do limbo solar e lambendo o espaço em volta. Elas são as chamadas *protuberâncias*. Quando as linhas do campo magnético solar prorrompem pelo espaço sideral afora, levam parte do gás quente com elas. Talvez a parte mais espetacular do fenômeno seja quando elas formam um arco colossal acima da fotosfera — o gás aquecido segue as linhas do campo magnético para fora do Sol e depois faz o caminho inverso. Embora pareçam pequenos, esses arcos se estendem por centenas de milhares de quilômetros de altura.

Para falar com exatidão da natureza do fenômeno que você vê, tudo depende de seu ângulo de observação. Imagine uma protuberância prorrompendo violentamente do Sol e projetando-se bem na sua direção. Você a veria de frente, em vez de lateralmente. Astrônomos chamam isso de *filamentos*. Eles se assemelham a serpentes arrastando-se coleantes pelo disco solar. Assim como as manchas solares, parecem mais escuros porque o que você estaria observando seriam gases mais frios na frente da abrasadora superfície do Sol, ao fundo.

É comum as pessoas confundirem protuberâncias com erupções solares, mas estas são fenômenos diferentes e independentes daqueles. Como seus nomes indicam, eles envolvem a súbita fulguração de uma pequena região do Sol e uma explosiva emissão de radiação luminosa. As energias envolvidas no fenômeno podem ser espantosas — uma única erupção solar pode liberar uma quantidade de energia equivalente à da detonação de 1 bilhão de megatons de dinamite. Só para efeito de comparação, o total dos explosivos usados na Segunda Guerra Mundial — incluindo as bombas atômicas lançadas sobre as cidades de Hiroshima e Nagasaki — chegou apenas a 3 megatons de dinamite.

Erupções solares são muitas vezes acompanhadas das mais espetaculares eclosões que o Sol pode proporcionar: as chamadas Ejeções de Massa Coronal (EMC).

Ejeções de Massa Coronal

Em março de 1989, 6 milhões de pessoas na província canadense de Quebec ficaram na mais completa escuridão durante 9 horas por causa de um apagão. Nesse meio-tempo, as comunicações com satélites meteorológicos foram interrompidas e a aurora boreal deixou de ser tão boreal — ela pôde ser vista de regiões austrais, como do Texas e até da Flórida. Todos esses acontecimentos tiveram a mesma causa: uma Ejeção de Massa Coronal.

Essas violentas emissões solares lançam bilhões de toneladas de matéria no espaço a uma velocidade superior a 1 milhão de quilômetros por hora, inundando o sistema solar com partículas carregadas. Quando elas alcançam a Terra, somos atingidos por uma tempestade geomagnética que causa distúrbios no campo magnético do nosso planeta. Isso produz uma carga extra de corrente elétrica que interrompe o funcionamento de nossas redes de eletrificação, danifica satélites e intensifica a luminosidade de auroras. O Sol faz uma EMC a cada três ou cinco dias, mas, felizmente, a maioria delas não atinge o nosso minúsculo planeta.

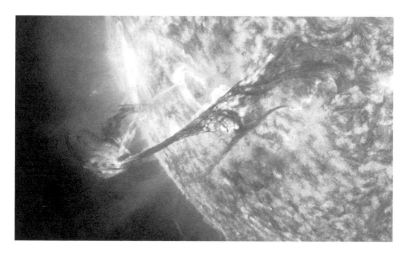

O Sol fez uma EMC gigantesca, espetacular, em agosto de 2012.

Uma das mais espetaculares EMCs a alcançar a Terra foi o chamado Evento Carrington de 1859, em homenagem ao astrônomo inglês Richard Carrington. Felizmente, nossos sistemas de distribuição de energia ainda estavam nos primeiros anos de desenvolvimento. De qualquer forma, a telegrafia elétrica era o sistema de comunicação mais avançado então e entrou em colapso. Muitos operadores de telégrafo disseram que sofreram choques elétricos. Se um fenômeno semelhante acontecesse nos dias atuais, os prejuízos chegariam a trilhões de dólares. Aviões teriam de permanecer em solo até que a tempestade amainasse. Até hoje, devido a esse acontecimento, pilotos e tripulantes são classificados como mão de obra sujeita aos perigos da radiação. Em 2003, durante uma tempestade solar muito menos intensa, todos num voo de Chicago para Pequim devem ter ficado expostos a 12% do limite de tolerância anual de exposição à radiação.

É compreensível o desejo de prever esses acontecimentos — como o de poder contar com um serviço de previsão de fenômenos astronômicos, bem parecido com o de previsão meteorológica terrestre. Embora não tenhamos como impedir, podemos minimizar os prejuízos causados por eles. Atualmente, somente com algumas horas antes que nos atinja, podemos dizer se uma tempestade cósmica próxima é das mais perigosas. Alguns analistas têm afirmado que, na atualidade, o estágio de desenvolvimento da previsão de fenômenos astronômicos está com 30 ou 40 anos de atraso em relação à sua congênere atmosférica terrestre. Mas medidas estão sendo tomadas para ser possível prever o fenômeno com pouco mais de 24 horas de antecedência, e depois até com dias antes. É um trabalho de aprimoramento fundamental — afinal, acredita-se que fenômenos semelhantes ao antevisto pouco tempo antes por Carrington, em 1859, ocorram a cada 150 anos mais ou menos. Portanto, é apenas uma questão de tempo até que outro venha ao nosso encontro.

Os ventos solares

A operação foi exaustivamente ensaiada. O paraquedas se abria e um helicóptero à espera o fisgava com um lançador de arpão, fazendo com que o intrépido viajante tivesse uma aterrissagem suave. Na prática, não foi bem isso que aconteceu. Em 8 de setembro de 2004, a sonda espacial *Genesis* da NASA entrou velozmente na atmosfera e seguiu direto para o solo, espatifando-se com o impacto. Fotografias do local da queda mostram helicópteros apenas observando, quase como se aparentassem desolação.

É que o paraquedas de desaceleração não funcionou — alguém instalou o acelerômetro de cabeça para baixo. Quase toda a preciosa carga da *Genesis* foi arruinada por contaminação. Felizmente, porém, conseguiram recuperar algumas amostras intactas. A sonda tinha sido lançada três anos antes numa ousada tentativa de coletar partículas dos ventos solares e trazê-las para a Terra com vistas a análises científicas. Foi a primeira missão de coleta de amostras desde os tempos da missão Apollo, e a primeira a trazer para cá material coletado numa região além da órbita lunar.

Já em 1859, na época em que ocorreu o Evento Carrington, Richard Carrington aventou a ideia da existência de partículas invisíveis sendo expelidas pelo Sol. Hoje, sabemos que essas partículas carregadas — a maioria elétrons e prótons — são impulsionadas pelos ventos solares em todas as direções, numa velocidade superior a milhões de quilômetros por hora. Os ventos mais fortes são os que sopram de grandes manchas na coroa solar. Essas partículas chegam a alcançar regiões situadas até mesmo para além das órbitas dos planetas do sistema solar, onde se deparam com ventos transversais provenientes de outras estrelas (págs. 112-3).

Quando os ventos solares atingem o campo magnético da Terra, provocam a ocorrência de auroras perto dos polos (pág. 75). No entanto, tais ventos estão longe de serem suaves — têm força para causar destruição também. Astrônomos acham que a atmosfera de Marte foi muito mais densa no passado, capaz de conservar água em estado líquido na superfície do planeta. Sem um campo magnético, contudo, os ventos solares foram acabando aos poucos com a atmosfera de Marte, privando-o quase totalmente do envoltório atmosférico. Agora, Marte é um planeta seco, com uma superfície desértica e estéril (págs. 88-90).

A TERRA

Formação e estrutura

A Terra foi feita com sobras e fragmentos de matéria cósmica. O acontecimento mais importante nesta parte do universo foi a formação do Sol, cerca de 4,6 bilhões de anos atrás. Mas uma quantidade considerável de poeira e gás continuou a turbilhonar em volta da estrela recém-nascida. A força gravitacional consubstanciou lentamente essa matéria em corpos celestes maiores, chamados *planetesimais* — os tijolos formadores dos planetas —, cada um deles medindo aproximadamente 1km de diâmetro.

Por volta de 4,56 bilhões de anos, apenas poucas centenas de milhões de anos após a formação do Sol, alguns desses fragmentos de rocha e metal se despedaçaram em violentas colisões mútuas e acabaram criando a Terra. Constantes bombardeios de novos planetesimais, juntamente com a energia fornecida pela decomposição radioativa, mantiveram o recém-formado planeta em estado de fusão. A força da gravidade transformou numa esfera a bola grosseira resultante do fenômeno.

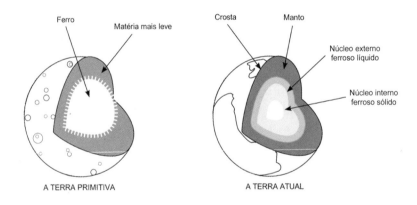

A Terra primitiva encontrava-se em completo estado de fusão, permitindo assim que materiais pesados, como o ferro, descessem para o núcleo.

Com o planeta em estado de fusão, os materiais mais pesados ficaram livres para se depositar nas partes centrais do globo, enquanto os mais leves acabaram ascendendo em direção à superfície. Geólogos chamam esse processo de *diferenciação*. À medida que a Terra geologicamente diferenciada esfriou, uma crosta se formou em volta do denso núcleo de ferro e níquel.

Hoje, nosso planeta ainda tem um núcleo de ferro e níquel. Ele se divide em duas partes — a interna e a externa. A parte interna do núcleo é sólida, ao passo que a externa se acha em estado de fusão, em virtude da imensa força de compressão do material contido no invólucro em torno dela. As temperaturas nos limites entre os envoltórios interno e externo do núcleo podem chegar a 6.000°C, o que faz com que o núcleo seja tão quente quanto a superfície do Sol. Os envoltórios interno e externo do núcleo constituem 55% da parte central do planeta e estão envoltos, por sua vez, pelo manto, que é um envoltório formado por rocha semiderretida, denominada magma. Em torno do manto fica a crosta — a superfície da Terra, a parte do planeta em que vivemos. Com uma espessura de apenas 60km em sua parte mais densa, a crosta contribui com menos de 0,5% para o diâmetro de nosso planeta. Se fosse possível que reduzíssemos o tamanho de nosso globo planetário para o de uma maçã, a crosta teria uma espessura equivalente à da casca dessa fruta.

Os oceanos e a atmosfera

A característica mais notável de nosso planeta azul é a abundância de água. Mais de 70% da superfície da Terra é coberta por H_2O em estado líquido, e todos os seres vivos do planeta, da mais diminuta bactéria à maior das baleias, depende dela para sobreviver. Como qualquer primeva quantidade de água teria evaporado completamente em razão das infernais temperaturas iniciais, é provável que a água tenha sido adicionada ao planeta mais tarde. Mas... De onde ela veio?

Ela pode ter sido gerada nas profundezas abaixo da crosta, no manto. Quando em contato, hidrogênio líquido e quartzo reagem, gerando água em estado líquido, que depois acaba ficando presa no interior de rochas. Tanto que, em 2014, descobriu-se a existência de um profundo reservatório de água, a uma profundidade de 700km abaixo da superfície da Terra, capaz de encher um espaço equivalente a três vezes o volume de nossos oceanos. É possível que, com o tempo, vapores d'água tenham escapado por fendas na crosta. Então, o planeta esfriou, o vapor se liquefez e a chuva encheu as bacias das planícies da época.

Outra possível fonte de água teria sido o espaço sideral — trazida para cá por asteroides e cometas à medida que iam caindo em nosso planeta. Mas há problemas com essa ideia. Porquanto cometas analisados por cientistas indicam que muitos contêm um tipo diferente da água presente em nossos oceanos (pág. 96). Contudo, se a água chegou aqui por intermédio de asteroides, deveria haver uma quantidade muito maior de xenônio em nossa atmosfera do que aquela que existe atualmente. Ninguém sabe ao certo ainda.

Já no que diz respeito à origem de nossa atmosfera, temos alguma certeza, mas, no início, ela era muito diferente de sua composição atual. Os primeiros gases a fixar-se na Terra nascente provieram de sua liberação das entranhas do globo por atividades vulcânicas. Isto compreende a maior parte do gás carbônico, misturado com monóxido de carbono, sulfeto de hidrogênio e metano presentes no planeta. Não havia oxigênio livre na superfície. Ele estava totalmente aprisionado em massas de água (H_2O) e matéria rochosa com compostos de silício, tais como o dióxido de silício (SiO_2).

Mas depois, cerca de 3 bilhões de anos atrás, tudo mudou, quando organismos microscópicos chamados cianobactérias começaram a multiplicar-se nos oceanos. Eles produziam oxigênio em estado livre, combinando gás carbônico, água e luz solar por *fotossíntese*. O acúmulo de oxigênio na atmosfera levou a uma das maiores extinções em massa na história da Terra, já que o oxigênio é tóxico para a esmagadora maioria das formas de vida. Somente organismos que conseguiram se adaptar a essa mudança maciça na composição química de nossa atmosfera conseguiram sobreviver. Você e eu somos descendentes desses sobreviventes. Hoje, o oxigênio é o segundo elemento mais abundante em nossa atmosfera (21%), atrás apenas do hidrogênio (78%).

Placas tectônicas

A extensa cordilheira do Himalaia, estendendo-se como muralha natural entre o planalto tibetano e o subcontinente indiano, é uma das maravilhas da natureza terrestre. Todo ano, milhares de pessoas são atraídas para o majestoso Monte Everest, onde centenas delas tentam escalar o pico mais alto do mundo.

Porém, em comparação com a idade da Terra, a cordilheira do Himalaia é muito jovem. Segundo a maioria das estimativas, sua formação remonta apenas a 50 milhões de anos. O território que agora se localiza quase totalmente dentro das fronteiras da Índia deslocou-se num ritmo impressionante para acabar parando onde está atualmente. Ele se desprendeu de um antigo continente conhecido como Gondwana, antes que se dirigisse para o norte, onde situaria Madagascar perto da África continental, e depois continuou avançando para a Ásia. Deslocando-se a uma velocidade de 20cm por ano, prosseguiu em seu incontido e inabalável avanço de encontro ao maior continente do planeta, criando assim a mais alta cordilheira do mundo.

O movimento das massas de terra de considerável tamanho só é possível porque a crosta terráquea é formada por uma série de placas tectônicas que flutuam num oceano de rocha derretida. Assim, fortes correntezas subterrâneas desse material fizeram com que a placa em que assenta a Índia se separasse da placa de Gondwana e avançasse para o norte. No encontro de placas, a borda da placa indiana foi empurrada para baixo da placa eurasiana, forçando massas de terra para cima e, desse modo, forjando a cordilheira do Himalaia. É um processo que está longe do fim. A colisão de placas apenas desacelerou o avanço da placa indiana — e ela ainda está se movendo para o norte. As montanhas do Himalaia continuam a elevar-se cerca de 2cm por ano.

Mas as placas tectônicas não são apenas objeto de curiosidade geológica. Muitos cientistas acreditam que elas tiveram papel fundamental no desenvolvimento da vida na Terra. Afinal de contas, a Terra é o único planeta do sistema solar que as têm. Vulcões se formam quase sempre nas bordas de placas, permitindo assim que gases alojados abaixo da superfície terrestre escapem para a atmosfera — principalmente gás carbônico. Quantidades adicionais de gás carbônico na atmosfera durante eras glaciais ajudam a aumentar a temperatura do planeta. Mas o movimento de placas tectônicas pode também aprisionar excessos de CO_2 no subterrâneo, evitando o aquecimento do planeta em demasia.

Portanto, quando a questão envolve a busca da existência de vida em outras partes do universo, astrônomos ficam ávidos pela descoberta não apenas de planetas que tenham as mesmas condições de temperatura que o nosso, mas também de que apresentem placas tectônicas que mantenham essas condições dentro dos limites propícios ao surgimento de seres vivos.

ALFRED WEGENER (1880-1930)

Observe a superfície do planeta de um lugar alto e você verá que a Terra se parece com um quebra-cabeça gigantesco. Notará que a seção superior direita da parte sul-americana do continente se projeta para o mar e parece ter condições de encaixar-se perfeitamente na parte reentrante do lado ocidental da África. Quando percebeu isso, e acreditando que era mais do que simples coincidência, o físico alemão Alfred Wegener publicou, em 1911, sua teoria sobre a deriva dos continentes, propondo que, muito tempo atrás, os dois continentes formavam um só. A obra teve pouca repercussão — outros cientistas não conseguiam acreditar que massas gigantescas de terra como essas seriam capazes de se mover, e Wegener não conseguiu explicar por que elas se moviam.

Somente nas décadas de 1950 e 1960, muito depois da morte de Wegener, ocorrida durante uma expedição à Groenlândia, provas lastreadoras de sua tese apareceriam. Cientistas descobriram que o fundo do mar se expande com o tempo, à medida que atividades vulcânicas criam novas extensões de crosta oceânica. A teoria sobre placas tectônicas surgiu logo depois, finalmente apresentando uma forma de explicar a ideia original de derivas continentais aventada por Wegener.

Marés

Na extremidade nordeste do Golfo do Maine, no recortado litoral atlântico da América do Norte, existe uma enseada excepcional chamada Baía de Fundy. Duas vezes por dia, mais de 100 bilhões de toneladas de água inundam a baía e depois escoam totalmente de volta para o mar. Para efeito de comparação, essa enorme quantidade de água é maior do que toda a água dos rios da Terra junta.

Qual será a causa de uma movimentação de água gigantesca como essa? Gravidade. Para ser mais exato, a força gravitacional da Lua (e, em parte, do Sol), que, todos os dias, causa gigantescas subidas e descidas de marés pelo mundo afora. As partes rochosas da Terra sofrem a ação dessa força também, mas a água é bem mais fácil de movimentar. Mais do que qualquer outro lugar, esse efeito é mais forte na Baía de Fundy, onde a diferença de marés (fluxo e refluxo) varia entre 3,5m e 16m — o nível da água chega a ultrapassar a altura de um edifício de quatro andares.

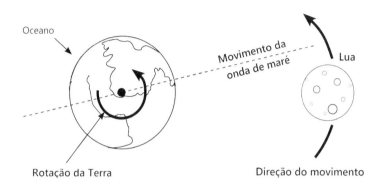

A força gravitacional da Lua cria um bojo de maré no lado da Terra mais próximo do satélite.

A coisa funciona da seguinte forma: quando o lado do globo onde você mora está de frente para a Lua, a água dessa parte é atraída pelo satélite natural e, consequentemente, para longe das regiões do planeta situadas em ângulos retos relativamente a você. Com isso, em sua parte do globo, ocorre o fenômeno das marés altas, enquanto, naquelas regiões, o das marés baixas. A Lua não exerce uma força de atração gravitacional tão forte sobre as águas do lado oposto do planeta porque está mais distante dele. Mas ali ocorre também outro fenômeno de marés altas por causa da força centrífuga gerada pela rotação da Terra — a mesma força que empurra o passageiro para um dos lados do carro quando o veículo faz uma curva fechada. É por isso que, na maioria das regiões da Terra, ocorrem duas marés altas e duas marés baixas todos os dias — o giro do planeta nos faz passar por essas regiões a cada período de 24 horas.

Vale a pena pensar um pouco sobre a realidade dessa situação. Se algum dia você estava na praia e viu as águas baixarem ou retrocederem, é provável que não tenha demorado a se convencer de que a água se afastou de você.

Mas não foi isso que realmente aconteceu. Na verdade, a maior parte da água continuou no mesmo lugar, mantida ali ou pela força gravitacional da Lua ou por forças centrífugas. Ao contrário do que imagina, foi você que se moveu — você foi tirado de uma onda de maré ocasionada pela rotação da Terra. O que aconteceu, portanto, foi que você e a praia foram levados rapidamente para longe da água!

As estações do ano

Uma das características mais belas de nosso planeta é a mudança periódica das estações. Na primavera, as flores brotam do solo e se erigem para o céu. Chega o outono e as folhas começam a cair, seguindo na direção contrária. Muitas pessoas se equivocam quando acham que as mudanças de temperatura que ocorrem ao longo do ano se devem à distância de nosso planeta do Sol. Pensam talvez que ficamos mais perto dele no verão e mais distante no inverno.

Na verdade, a variação que vemos nas estações é o resultado da inclinação da Terra. Nosso planeta não permanece no espaço sempre com seu eixo imaginário rigorosamente na vertical — ele sofre uma inclinação de 23,4°. Isso significa que, em junho, o hemisfério norte sofre uma declinação aproximativa em direção ao Sol e, assim, seus habitantes têm dias mais quentes e mais longos. Já as que vivem dentro do Círculo Polar Ártico não veem a noite chegar — sua parte do globo fica tão inclinada para o Sol que este nunca se põe. Enquanto isso, o hemisfério sul, em razão da inclinação gradual do globo, vai se afastando do Sol, por isso é mais difícil seus habitantes terem dias mais quentes e ensolarados — é que estão passando pelo inverno. Já a Antártida, nesse período, é mergulhada num abismo de escuridão permanente.

Seis meses depois, com a Terra no outro lado do Sol, as situações se invertem. Os habitantes abaixo da Linha do Equador preparam a churrasqueira, enquanto muitos do hemisfério de cima tiram o casaco do armário. O Ártico permanece envolto em sombras, ao passo que a Antártida se mantém constantemente iluminada pela luz solar.

Os dias mais longos e mais curtos do ano (em junho e dezembro) são chamados de solstícios. Imediatamente após a chegada dessas datas, alcançamos um ponto onde nenhum dos hemisférios encontra-se angularmente mais perto ou mais distante do Sol. No planeta inteiro, em 21 de março e 23 setembro, datas em que isso acontece e são conhecidas como equinócios, o dia e a noite têm igual duração.

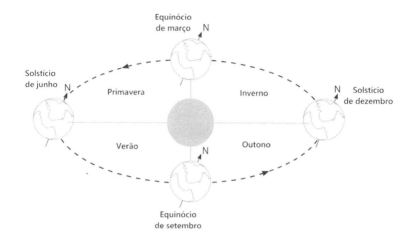

Temos as variações de estação porque a inclinação da Terra faz com que certas regiões do globo fiquem mais perto do Sol e outras mais distantes.

Deveríamos dar graças a Deus ao fato de o ângulo de inclinação de nosso planeta ser razoavelmente pequeno. Se fosse mais acentuado, nossas mudanças de estação seriam muito mais drásticas e bem mais difíceis de enfrentar. Graças à Lua, nossa inclinação permanece estável e as estações previsíveis. O eixo de Marte, por exemplo, sem poder contar com um satélite natural capaz de lhe dar estabilidade, oscila tremendamente sob o efeito da força gravitacional dos outros planetas. Isso resulta em invernos mais longos e verões muito quentes, sempre inconstantes e diferentes um do outro.

Campos magnéticos

As viagens realizadas pelas fêmeas das tartarugas marinhas são extraordinárias. Logo que nascem, elas saem correndo pela praia em direção ao mar e migram para um local situado a 2.000km de distância, em busca de áreas ricas em alimento. Porém, assim que se tornam adultas, voltam a percorrer a mesma longa distância, buscando chegar à mesma praia em que nasceram. Como conseguem lembrar-se de onde vieram? Aparentemente, a resposta está na hipótese de que se orientam pelo campo magnético da Terra.

Nas fundas entranhas do nosso planeta, o ferro em estado de fusão existente no envoltório externo do núcleo planetário é agitado pelo movimento de rotação da Terra. Tal movimentação gera o campo magnético do planeta. Suas linhas se projetam para fora da parte superior do globo e, voltando sobre si mesmas, o contornam e entram em seu polo contrário. Todavia, quando se trata de polos, as coisas ficam um pouco mais complicadas. A Terra tem três polos norte e três polos sul.

Um deles é o *Polo Norte Geográfico* — a área física na extremidade do planeta que coincide com a parte superior da linha imaginária do eixo de rotação da Terra. Ele é quase totalmente fixo, apenas se movendo alguns metros por ano, num ciclo incessante.

Outro deles é o *Polo Norte Magnético* — o local para onde a agulha da bússola aponta. Uma bússola com a agulha livre para se mover na vertical apontaria diretamente para o solo nesse local. Em razão de mudanças constantes no envoltório externo do núcleo planetário, o Polo Norte Magnético é geograficamente muito variável. Até pouco tempo atrás, ele se achava no Canadá, mas agora está fazendo uma travessia incerta pelo Ártico, a caminho da Sibéria. Atualmente, os polos geográficos e os magnéticos apresentam um desalinhamento de cerca de 10 graus.

Por fim, temos o *Polo Norte Geomagnético*. É o local em que o Polo Norte Magnético se encontraria se alguém pusesse um ímã comum no centro da Terra. Contudo, na verdade, nosso campo magnético é muito mais complexo do que um ímã. Esses três polos setentrionais têm equivalentes no hemisfério sul.

Sem esse campo magnético, é difícil imaginar a possibilidade de que a vida conseguiria florescer na Terra. Afinal, ele age como um campo de força gigantesco, desviando radiações prejudiciais, tanto do Sol quanto do espaço sideral. E nos protege também dos ventos solares. Sem essa proteção, nossa camada de ozônio seria removida do planeta e ficaríamos vulneráveis ao aumento da incidência de raios ultravioleta do Sol.

Auroras

Aparecendo como cortinas gigantescas de luz verde tremeluzente e girando em várias direções pelo céu, a Aurora Boreal (*aurora borealis*) pode ser vista com frequência numa região próxima ao Polo Norte. O mesmo efeito pode ser visto também nas proximidades do Polo Sul (*aurora australis*). Além disso, ambas produzem uma variada série de sons, entre os quais sibilos, estalos, estampidos e estrondos abafados.

Elas são uma espécie de lembrete espetacular de que nosso planeta não está isolado no espaço, e sim que se encontra em íntima relação com nossa estrela. Afinal, somos banhados constantemente pelos eflúvios dos ventos solares — as rajadas de partículas carregadas que são expelidas pelo astro rei. Inter-relações entre os ventos solares e o campo magnético da Terra fazem com que partículas eletricamente carregadas acelerem a projeção das linhas do campo magnético do planeta em direção aos polos. Lá, colidem com a parte da atmosfera acima de nós, fornecendo energia extra aos átomos presentes no ar. Vemos a aurora quando esses átomos liberam, na forma de radiação luminosa, a energia recém-absorvida.

Normalmente, o efeito se limita a zonas relativamente pequenas ao redor de cada polo magnético, conhecido como aurora oval. Porém, as partículas de uma tempestade geomagnética — tal como as causadas por uma Ejeção de Massa Coronal — podem inundar nosso campo magnético e ampliar as auroras ovais consideravelmente. Durante o Evento Carrington de 1859, marinheiros trabalhando no Caribe informaram que viram no céu espetáculos luminosos fantásticos. Como nunca tinham navegado próximo aos polos, não faziam ideia do que se tratava. O brilho foi tão intenso sobre as Montanhas Rochosas que mineradores acordaram, achando que havia amanhecido. Até mesmo os habitantes da África subsaariana foram presenteados com o espetáculo.

O verde é a cor mais comum porque é a emitida pelo oxigênio em baixas altitudes, onde ele é mais visível e abundante. Já faixas vermelhas da luz da aurora representam radiação luminosa emitida pelo oxigênio em circunstâncias mais amenas, em partes bem mais altas da atmosfera. Quando faixas azuis são vistas, isso significa que estão ocorrendo reações com nitrogênio.

A Terra não é o único planeta onde ocorre o fenômeno das auroras. Astrônomos observaram esse mesmo efeito em Marte, Júpiter e Saturno.

Meteoritos e estrelas cadentes

Milhões de anos atrás, o impacto de um corpo celeste com Marte arrancou parte de sua superfície e a arremessou no espaço. Não sabemos como, mas o fato é que ela conseguiu percorrer os 225 milhões de quilômetros do vazio que separa Marte e a Terra, atravessou a atmosfera terráquea e cravou-se na tundra antártica, na forma de meteorito. Na coleção de meteoritos existentes no mundo, esses intrusos marcianos são excepcionalmente raros — constituindo menos de 0,5% do total. Um pouco mais comuns são meteoritos vindos da Lua. Mas a maioria provém da família de asteroides do Sol — pedaços de rocha e metal que sobraram da formação do sistema solar. E esse é o seu grande atrativo — como boa parte deles tem existência anterior à formação da própria Terra, traz consigo valiosas informações sobre o modo pelo qual o Sol e seu cortejo de mundos orbitais se formaram.

A denominação do que chamamos de fragmentos espaciais depende do lugar onde ele se encontra. Um pequeno pedaço de rocha ainda no espaço é chamado de meteoroide. Quando ele atravessa rascante e luminoso uma atmosfera planetária, seu nome muda para meteoro. E, se ele chega à superfície de um mundo qualquer intacto, passa a ser denominado meteorito.

Muitos meteoros entrando ao mesmo tempo na atmosfera criam um espetáculo deslumbrante chamado chuva de meteoros — espécie de ataque súbito de uma constelação de "estrelas cadentes". Durante sua viagem ao redor do Sol, a Terra atravessa regularmente trilhas de poeira espacial espalhadas pelo sistema solar por cometas em trânsito. Quando essas minúsculas partículas — quase sempre do tamanho de um grão de areia — se tornam incandescentes por causa do atrito com os gases atmosféricos, nós as vemos atravessando velozmente o céu.

Uma das mais espetaculares é a chuva de meteoros da Constelação de Perseu, que acontece em agosto. De um lugar escuro, longe da interferência de luzes urbanas, a pessoa consegue avistar pelo menos um meteoro a cada minuto iluminando o céu noturno. É uma mensagem anual dos céus reiterando que existem muito mais coisas no sistema solar do que apenas planetas.

Satélites e a Estação Espacial Internacional

Podemos afirmar que o dia 4 de outubro de 1957 foi um marco na história da humanidade. O satélite soviético *Sputnik 1* tornou-se o primeiro engenho a orbitar a Terra. Três meses depois, ele voltou a entrar na atmosfera e foi consumido pelo fogo no abrasante atrito com o ar. Desde então, satélites transformaram a nossa forma de viver. Agora, estações meteorológicas acompanham as variações do clima, satélites espiões vigiam inimigos, satélites televisivos trazem aos nossos lares os últimos programas imperdíveis e o Sistema de Posicionamento por Satélite (GPS, na sigla em inglês) ajuda a nos orientarmos em nossos deslocamentos mundo afora.

Atualmente, existem mais de 1.000 satélites em operação lá em cima, mas nem tudo que está em órbita tem utilidade. Neste exato momento, temos mais de 21.000 artefatos com mais de 10cm de diâmetro girando velozmente em torno do nosso planeta. No caso de artefatos com diâmetros variando entre 1-10cm, esse número sobe para meio milhão. Grande parte é lixo espacial — peças, fragmentos de satélites e de aparelhos de missões espaciais abandonadas no espaço e que vão formando um enxame crescente de entulho celeste.

Isso representa um verdadeiro problema para o maior satélite artificial da Terra — a Estação Espacial Internacional (ISS, na sigla em inglês). Mais ou menos do tamanho de um campo de futebol, ela é a base de operações de uma tripulação de seis astronautas provenientes de diferentes regiões do globo. Orbita a Terra a uma altitude de 400km, mas essa órbita precisou ser ligeiramente alterada várias vezes para desviá-lo de grandes fragmentos de lixo espacial. A camada exterior da fuselagem, principalmente a parte coberta com painéis solares, apresenta marcas de impactos de pedaços menores de lixo.

Astronautas se revezam na operação da estação, entrando e saindo de lá a cada seis meses, fazendo com que a ISS se mantenha sempre tripulada desde o ano 2000. Como a estação leva apenas 92 minutos para circundar a Terra, seus tripulantes se deliciam com 16 pores do Sol e outros 16 nascentes todos os dias. Além do mais, desfrutam de vistas espetaculares do planeta, incluindo nossas grandes cidades, bem como de fortes tempestades, e assistem de camarote ao balé de luz das auroras.

Além de ser um exemplo de cooperação internacional, a estação se destina a servir de instrumento para aumentar nossos conhecimentos acerca dos efeitos sobre o corpo humano quando submetido a longas permanências no espaço. Em suma, usaremos no envio de pessoas a Marte as lições que aprendermos lá em cima.

A LUA

Sua formação

Nosso satélite natural é um excêntrico. Quando comparamos todas as luas do sistema solar com seus respectivos planetas, vemos que a relação Terra-Lua está muito acima delas no que se refere ao tamanho. O diâmetro da Lua corresponde a quase 28% do diâmetro da Terra. O satélite natural mais próximo dessa proporção é Tritão, a maior lua de Netuno, a qual tem apenas 5% do tamanho do seu planeta. Temos a quinta maior lua do sistema solar, mas somos o quinto maior planeta.

Isso significa que é muito provável que a Lua tenha se formado em outro lugar e foi gravitacionalmente capturada por nosso planeta numa época posterior. Ela é simplesmente grande demais. George, o filho de Charles Darwin, acreditava que a Lua tinha se formado soltando-se da massa de matéria terráquea, deixando em seu lugar um vazio que agora é o Oceano Pacífico.

Hoje, a mais aceita das teorias sobre a origem é que, quando ainda jovem, a Terra foi atingida por um planeta quase do tamanho de Marte. Os astrônomos chamam esse mundo perdido de Theia e denominam a calamitosa colisão Hipótese do Grande Impacto. Acredita-se que isso tenha ocorrido apenas 50-100 milhões de anos depois da formação da Terra. O impacto fez com que um anel de fragmentos de matéria fosse lançado em órbita, matéria que a força da gravidade acabou aglomerando e formando a Lua. Se condensássemos a história da Terra no espaço de um único dia, então a Lua teria sido formada quando nosso planeta tinha apenas dez minutos de idade.

Esse acontecimento explica por que a Lua tem um núcleo extraordinariamente pequeno e por que é menos densa do que o planeta Terra.

As substâncias mais pesadas de Theia ficaram no lado da Lua mais perto da Terra, com as mais leves aglutinando-se no lado oposto do satélite. A Terra tem a maior densidade entre todos os planetas do sistema solar, algo que faz sentido se massas de matéria adicionais provenientes de Theia lhe foram acrescentadas após sua formação. Um impacto gigantesco explica também por que parece que a Lua existia em estado de fusão no passado — as violentas colisões entre detritos do anel de matéria desprendida no choque liquefizeram sua parte rochosa.

Outras evidências dessa possibilidade são provenientes de rochas lunares trazidas para a Terra por astronautas das missões Apollo. Como simulações em computadores indicam que a formação da Lua ocorreu principalmente com matéria oriunda de Theia, deve haver diferenças entre rochas terrestres e lunares. Em 2014, cientistas anunciaram que tinham encontrado uma mistura de tipos de oxigênio ligeiramente diferentes nas amostras da Apollo.

Crateras, mares e fases

Examine um mapa da Lua e você verá que está cheio de lugares com nomes poéticos, tais como Mar de Sonhos, Baía do Arco-Íris e Lago da Felicidade. Na verdade, o ambiente lunar é muito hostil, com quase nenhuma atmosfera. Seus finíssimos envoltórios de gás atmosférico pesam menos do que cinco elefantes.

Sua superfície inconfundível está coberta de extensas áreas escuras chamadas *maria* ou mares (*mare*, no singular). Vistas da Terra, parecem formar um rosto. Daí o famoso Homem na Lua. Porém, eles não são mares na verdadeira acepção da palavra, com água e tudo, e nunca foram. São depressões enormes de lava derretida formadas durante o tumultuoso nascimento da Lua, que, desde então, esfriou e se solidificou. Esses mares são cheios de milhares de crateras — espécie de cicatrizes profundas na forma de bacias, criadas pelo choque de meteoros que sarapintaram a superfície lunar no transcurso de bilhões de anos.

A aparência da Lua que vemos em nossos céus muda constantemente. Isso acontece porque ela não emite luz própria. Ao contrário, age como um espelho gigantesco, refletindo a luz do Sol na nossa direção. A quantidade de luz refletida que vemos depende do local em que a Lua está em sua órbita ao redor da Terra. Quando ela está entre o nosso planeta e o Sol, toda a luz do astro rei incide sobre o lado oposto da Lua e é refletido para longe de nós. Chamamos isto de *Lua nova*. À medida que a Lua segue para o lado contrário do planeta, vemos seu disco ser paulatinamente iluminado, até que, cerca de duas semanas depois, passa a refletir por inteiro na Terra a luz recebida do Sol. É então que temos a *Lua cheia*. Começamos a ficar sem essa luz refletida por nosso satélite natural durante o movimento de retorno orbital, já que cada vez menos luz solar incide no lado do satélite que fica voltado para a Terra.

Acoplamento de maré

É natural o fato de sempre vermos apenas uma face ou um dos hemisférios da Lua voltado para nós levar muitas pessoas a pensar que ela não gira. Mas gira, sim. A Lua rodopia em torno do próprio eixo num período de tempo exatamente igual ao que ela leva para completar sua órbita ao redor da Terra: 27,3 dias.

Para ver como isso funciona, tente encontrar algo que se pareça com a Terra e ponha-o no chão. Agora, em pé e virado para o objeto, mova-se ao seu redor, sempre olhando mais ou menos para o centro do círculo descrito pelo movimento do seu corpo. Assim que você retornar ao ponto de partida, terá não só completado uma volta em torno da Terra, por assim dizer, mas a terá circundado também sem girar o próprio corpo. Para se convencer disso, repita o exercício, mas concentre-se nas paredes que estiverem na sua frente enquanto se move em círculo. Você verá que ficará de frente para uma das quatro paredes de cada vez, exatamente como aconteceria se estivesse orbitando um corpo celeste sem girar.

A Lua se comporta dessa forma porque está submetida ao travamento gravitacional imposto pela Terra. Em seus primórdios, o satélite girava bem mais rápido em torno do próprio eixo em comparação com seu movimento orbital ao redor do planeta hospedeiro. Mas a força gravitacional da Terra esticou a Lua um pouco ao longo de um eixo entre os dois corpos celestes. Isto tornou o satélite um pouco mais bojudo num dos lados do que no outro — um bojo de maré. A Terra passou então a exercer atração gravitacional preferencialmente nesse bojo, assim diminuindo lentamente o período de rotação da Lua, até que o do satélite se igualasse ao seu.

As quatro fases da Lua demoram um pouco mais para serem concluídas do que seu período orbital, que é de 27,3 dias. O intervalo do advento entre duas Luas cheias é de 29,5 dias. Isso acontece porque a Terra, a Lua e o Sol têm de estar alinhados para que possamos ver uma Lua cheia. Enquanto a Lua prossegue em seu movimento orbital em torno de nosso planeta, estamos também em nossa viagem de translação ao redor do Sol. A Lua demora alguns dias para recuperar a distância extra que percorremos em volta do Sol no espaço de um mês e tornar a alinhar-se.

O acoplamento de maré, ou rotação sincronizada, é uma característica comum no universo. Muitas das luas de Júpiter e Saturno são mantidas em regime de rotação sincronizada com seus planetas. Alguns planetas de outros sistemas solares ficam submetidos também a acoplamentos de maré por suas estrelas. A possibilidade de existir vida nesses mundos — com um dos lados tostado por um calor escaldante, enquanto o outro permanece envolto numa escuridão fria de bater o queixo — é motivo de acalorados debates entre astrônomos (págs. 142-4).

Sua importância para a vida na Terra

A Lua jaz tão profundamente encerrada no envoltório místico de tantas histórias populares, oriundas de um passado, na maioria dos casos, remontando a milhares de anos, que é difícil separar a realidade científica das superstições. Podemos ver também, por exemplo, ideias de que a Lua afeta diretamente o comportamento humano em relatos sobre aparecimento de lobisomens e crises de loucura. Parteiras chegam a jurar de pés juntos que suas enfermarias ficam ainda mais lotadas durante a Lua cheia. No entanto, não existem provas inquestionáveis que sustentem tais afirmações.

Na maioria das explicações, os proponentes invocam a questão da força gravitacional, argumentando que ela é mais ativa durante a Lua cheia e que isso gera um efeito na água existente em nosso corpo. Mas acontece que a ocasião em que a Lua mais se aproxima da Terra raramente coincide com um plenilúnio — ela pode muito bem encontrar-se em seu ponto de aproximação máxima com o planeta durante a Lua nova também. Com isso em mente, consideremos que, mesmo nessas fases lunares supostamente menos favoráveis, nosso satélite natural influenciou tremendamente a vida na Terra. Muitos cientistas acreditam que, sem a ajuda de nossa vizinha mais próxima, não estaríamos aqui para nos encantarmos com ela.

Já vimos quem é a responsável pela estabilidade das estações (págs. 72-3). Ela pode ter exercido uma função de suma importância no processo de aceleração do desenvolvimento da vida em nosso planeta. Tendo sido formada numa região do espaço cerca de 15 vezes mais perto da Terra em comparação com o local onde se encontra agora, sua força gravitacional provocava marés gigantescas, que avançavam centenas de quilômetros por grandes extensões de terra e com muito mais frequência do que as marés de hoje. Alguns pesquisadores acreditam que a vida tenha surgido nessas regiões alagadas por marés, onde o revolvimento miscigenador de terras e materiais marinhos combinou os componentes estruturadores da essência biológica e gerou uma forma capaz de se transformar em rudimentos de vida.

Além disso, a Lua está desacelerando as revoluções orbitais do nosso planeta. Um bilhão de anos atrás, o dia durava 18 horas. Ele agora tem 24 horas porque a Terra aos poucos vem perdendo força em seu movimento de rotação devido à fricção da crosta com os oceanos, já que ela tenta fazer girar consigo as águas dos leitos mantidas imobilizadas pela força gravitacional da Lua (ver ilustração pág. 71). Essa transferência de energia para os oceanos ajuda a transportar calor do equador para os polos, diminuindo consideravelmente a variação de temperatura na Terra. Portanto, assim que a vida surgiu na Terra, a Lua ajudou a preservar as condições favoráveis à sua evolução e diversificação.

Vemos uma das consequências da desaceleração do movimento de rotação da Terra no fato de que a Lua está se afastando. Isso vem fazendo com que o fenômeno das marés fique mais suave do que costumava ser — outra das razões pelas quais as condições aqui estão mais estáveis agora. Conseguimos medir o ritmo com que a Lua está se afastando do nosso planeta graças aos experimentos deixados no solo lunar pelos astronautas da Apollo.

As missões Apollo

"Luz de contato. OK, motor desligado." Estas palavras simples marcaram o início de um período extraordinário da história da humanidade.

Neil Armstrong, astronauta de 38 anos de idade, tinha acabado de aterrissar manualmente o *Eagle* na Lua, depois de uma tentativa horripilante numa área cheia de rochas de tamanho considerável. É que eles tinham combustível suficiente para apenas mais um minuto de voo. Naturalmente, a equipe da central de comando e controle ficou aliviada. "Sentimos o mesmo que vocês aqui embaixo. Vocês fizeram com que um monte de colegas aqui ficassem quase a ponto de não conseguir mais respirar. [Mas] estamos respirando aliviados agora."

Algumas horas depois, Armstrong desceu pela escada do módulo lunar e tornou-se o primeiro ser humano a pôr os pés em outro mundo. Esse dia, 20 de julho de 1969, continua a ser um exemplo do que pode ser feito quando nos esforçamos a alcançar objetivos. Nos três anos seguintes, a NASA conseguiu levar mais cinco missões e outros dez homens à Lua. Somente a *Apollo 13* teve de ser abandonada depois que a explosão de um tanque de combustível inutilizou a espaçonave em pleno voo.

Edwin "Buzz" Aldrin na Lua durante a missão da *Apollo 11*.
Na viseira de seu capacete, aparece o reflexo de Neil Armstrong,
o autor da fotografia.

As missões não eram apenas questão de uma provável necessidade de ultrapassar os soviéticos na corrida aeroespacial no auge da Guerra Fria. Eram também valiosíssimas do ponto de vista científico. As seis missões trouxeram para a Terra um total de 382kg de rochas lunares, material que revelou importantes indícios do modo pelo qual a nossa vizinha celeste mais próxima se formou. Fileiras de espelhos foram deixadas na superfície, de maneira que possamos disparar raios laser da Terra para acompanhar a velocidade com que a Lua está se afastando de nós (atualmente, a um ritmo de 3,8cm por ano). Detectores de atividades sísmicas foram embutidos nas areias do satélite para o estudo de tremores lunares.

As missões posteriores ficaram mais ousadas, tendo sido levados bugres para a Lua, de modo que os astronautas pudessem circular por lá e explorar mais áreas da árida paisagem lunar. Alan Shepard chegou a embarcar clandestinamente um taco de golfe e deu uma tacadinha básica no solo da Lua. Já Dave Scott deixou um martelo e uma pena caírem ao mesmo tempo de certa altura para mostrar que corpos de diferentes massas caem com a mesma velocidade quando livres do efeito da resistência aerodinâmica, inexistente na Lua, que não tem atmosfera.

Quando a *Apollo 17* partiu, em 14 de dezembro de 1972, Gene Cernan — seu comandante e o último homem a pôr os pés na Lua — alimentava a esperança de um dia voltar ao satélite. Objeções ao alto custo das missões fizeram com que nunca mais voltássemos lá. Mas a força de atração da Lua é irresistível. É a opção natural para termos longas permanências no espaço, e assim várias agências espaciais ao redor do mundo já estão desenvolvendo planos para futuros retornos ao satélite. Ainda deixaremos as nossas pegadas no solo lunar outras vezes.

O Último Grande Bombardeio de Asteroides

Parece que o sistema solar sofreu um intenso bombardeio cataclísmico há 3,9 bilhões de anos. Muito depois do caos inicial da formação do sistema solar, houve um súbito aumento no número de colisões de meteoros que choviam sobre os planetas rochosos. Embora, na Terra, graças à erosão, as marcas dos impactos desse acontecimento tenham se apagado há muito tempo, na Lua, desprovida de atmosfera, as suas ainda são visíveis.

Como isso ocorreu 600 milhões de anos após o surgimento do sistema solar e foi muito violento, os astrônomos batizaram o evento de O Último Grande Bombardeio de Asteroides. Os autores da explicação mais aceita acham que o responsável pelo fenômeno foi Júpiter. Simulações em computadores para tentar reproduzir virtualmente a formação do sistema solar indicam que é improvável que os planetas gigantes tenham sido formados em seus locais atuais (pág. 115). Parece que Júpiter se deslocou para um ponto mais perto do Sol. Isso deve ter provocado uma dispersão de asteroides parecida com uma impetuosa revoada de pombos assustados. Muitos desses corpos podem ter se chocado com a Lua e com planetas rochosos.

Mas nem todos os especialistas estão convictos dessa hipótese. Em todo caso, as evidências mais importantes do hipotético Último Grande Bombardeio de Asteroides provêm das rochas lunares trazidas para a Terra pelas missões Apollo. Rochas colhidas de vários locais da superfície lunar apontam para a ocorrência de colisões que se deram mais ou menos ao mesmo tempo. Contudo, certos astrônomos argumentaram que apenas alguns grandes impactos poderiam ter lançado detritos para todos os lados, dispersando-os por vários locais da superfície lunar. Isso teria feito com que uma chuvinha de fragmentos de matéria cósmica parecesse um dilúvio de asteroides caindo sobre a Terra.

O outro problema é o surgimento de vida na Terra. No quadro conceptual tradicional, a jovem Terra aparece retratada como uma esfera abrasadora, de paisagens infernais e implacavelmente castigada para permitir que a vida se consolidasse. Diante dessa situação, a vida só poderia ter surgido após o Último Grande Bombardeio de Asteroides. E, no entanto, evidências recentes apontam para a possibilidade de que a Terra tivesse oceanos, e talvez até vida, já desde 4,1 bilhões de anos atrás.

Portanto, ou a vida conseguiu sobreviver a essa verdadeira guerra-relâmpago de corpos celestes ou foi varrida da Terra e ressurgiu depois, ou o Último Grande Bombardeio de Asteroides não se deu conforme tradicionalmente pensamos. Porém, independentemente do que aconteceu, o fato é que, na atualidade, o período é alvo de muitas pesquisas no que diz respeito ao tumultuado passado do sistema solar.

CAPÍTULO TRÊS

O Sistema Solar

Mercúrio

A paisagem é árida e rochosa. Aliás, à primeira vista, talvez o observador confunda Mercúrio com a Lua. Durante o dia, o planeta mais próximo do Sol é mais quente do que um forno, com temperaturas passando dos 400°C. Porém, sem atmosfera para conservar o calor, à noite as temperaturas despencam para −200°C. Mercúrio — o menor planeta do sistema solar — leva apenas 88 dias para orbitar o Sol. O dia mercuriano dura quase 59 dias terrestres.

Até agora, apenas duas espaçonaves visitaram Mercúrio. A primeira — a *Mariner 10* — passou por lá em meados da década de 1970. Depois, em 2011, a *MESSENGER* (acrônimo de *MErcury Surface, Space ENvironment, GEochemistry and Ranging*) orbitou o planeta. Ela circundou Mercúrio mais de 4 mil vezes, até que, em abril de 2015, cientistas resolveram fazê-la chocar-se com o planeta. É provável que a *MESSENGER* tenha sido a única coisa — tanto um engenho humano quanto outro corpo celeste qualquer — que conseguiu orbitar Mercúrio. Sua grande proximidade do Sol, que tem uma força gravitacional imensa, impede que quaisquer luas se formem em torno do planeta ou sejam capturadas de outras partes do sistema. Tamanha força gravitacional faz Mercúrio girar três vezes sobre o próprio eixo a cada duas órbitas completas.

Essas missões nos forneceram ricas e detalhadas informações sobre um mundo difícil de observar da Terra, em razão de seu tamanho diminuto — ele é menor do que algumas das luas de Júpiter e Saturno. O acidente geográfico mais marcante de Mercúrio é a Bacia Caloris — uma antiga cratera resultante de impacto de meteoro que está entre as maiores do sistema solar. Com mais de 1.500km de diâmetro, foi descoberta durante a passagem da *Mariner 10* pelas proximidades do planeta. No lado diametralmente oposto da bacia, o solo é corrugado, com o terreno se apresentando progressivamente montanhoso e sulcado. Acredita-se que o impacto tenha sacudido Mercúrio como se ele fosse um sino, fazendo com que ondas de choque se propagassem em direções opostas pelo planeta. A parte do seu solo recortado por sulcos é o resultado das ondas de choque colidindo a exatos 180° de distância do ponto de impacto.

Assim como Vênus, também vemos Mercúrio passar de vez em quando na frente do Sol. No entanto, conjunções de Mercúrio são muito mais comuns. Ocorrem 13 ou 14 delas a cada século. Em 3 de junho de 2014, graças a uma adorável coincidência, a sonda geoespacial teleguiada *Curiosity* permitiu que observássemos, de Marte, a imagem-fantasma de Mercúrio na frente do Sol. O alinhamento não foi visto da Terra, mas assinalou a primeira observação de uma conjunção tanto de Mercúrio quanto de Vênus a partir da superfície de outro planeta.

Vênus

Não há como negar: Vênus é um lugar horrível, sempre cercado de envoltórios de gás carbônico misturado com ácido sulfúrico. Esse ambiente fervilhante represa quantidades imensas de calor proveniente do Sol e comprime a superfície com uma pressão atmosférica 93 vezes maior do que a da Terra. Qualquer pessoa que conseguisse cometer a tolice de visitá-lo seria ao mesmo tempo assada, esmagada e dissolvida.

Apesar de não ser o planeta mais próximo do Sol, essas camadas de gases concêntricas fazem de Vênus o planeta mais quente do sistema solar. Graças a um imenso efeito estufa, as temperaturas lá podem ficar quase 40°C mais altas do que as de Mercúrio. Todavia, essas condições extremas não impediram a União Soviética de realizar a façanha de ter conseguido aterrissar várias sondas em Vênus, começando pela *Venera 9*, em 1975. Foi a primeira espaçonave a enviar para a Terra uma fotografia da superfície de outro planeta com ela pousada nele. O engenho espacial funcionou por apenas 53 minutos, até que sucumbiu sob o peso do ambiente infernal de Vênus.

Vênus é o planeta que se encontra mais perto de nós e também frequentemente chamado de "irmão gêmeo" da Terra, mas a única semelhança real entre os dois é o tamanho: Vênus tem 95% do diâmetro da Terra. A característica mais excêntrica do nosso irmão planetário é a duração do dia, que é maior do que a do ano. Talvez isso pareça algo simplesmente absurdo, haja vista o fato de que vivemos num planeta onde o dia é consideravelmente mais curto do que o ano. No entanto, a lenta rotação de Vênus faz com que ele leve 243 dias terrestres para dar um giro completo em torno do próprio eixo e apenas 225 dias para completar sua órbita ao redor do Sol. É também o único planeta a girar em sentido anti-horário, se bem que é muito improvável que ele tenha sido assim em seus primórdios. Talvez uma colisão com um grande corpo celeste o tenha revirado totalmente, fazendo com que passasse a girar de cabeça para baixo, com uma velocidade de rotação muito menor.

Em anos mais recentes, Vênus tem sido visitado pelas sondas das missões *Magalhães* e *Venus Express*. A sonda *Magalhães* nos enviou excelentes mapas radastronômicos (feitos com o auxílio de radares e sensoriamento remoto), permitindo que déssemos boas espiadas em partes do planeta situadas abaixo de suas nuvens. Entre suas características mais notáveis, estão os Montes Skadi e Maat — as duas montanhas mais altas de Vênus. A primeira faz parte do maciço de montanhas Maxwell Montes, nome em homenagem ao físico escocês James Clerk Maxwell. O maciço continua a ser a única característica de Vênus cujo nome não é uma homenagem a uma mulher ou deusa.

Vale considerar também o adjetivo com que os astrônomos passaram a qualificar as coisas relacionadas com Vênus. Quiçá por isso devêssemos realmente chamar suas características de venerianas, da mesma forma que diríamos mercuriano ou marciano. Porém, talvez você perceba por que o uso desse adjetivo passou a ser evitado. Agora, os astrônomos preferem usar venusiano, uma alternativa mais, digamos, apropriada.

Marte

De todos os planetas do sistema solar, Marte foi o que mais interesse despertou em nós e que mais nos fascinou. Afinal, ao longo de toda a história da humanidade, pessoas lhe ofereceram sacrifícios, recearam sofrer invasões de supostos marcianos e até enviaram sondas terrestres para explorá-lo. Ele continua a ser o planeta a respeito do qual mais coisas sabemos. Temos até um melhor mapeamento da superfície marciana do que dos leitos dos oceanos aqui da Terra.

Sua cor vermelho-alaranjada inconfundível, de onde vem o conhecido e repetidíssimo apelido de Planeta Vermelho, se deve aos altos níveis de óxido de ferro (ferrugem) existentes em suas rochas. À noite, podemos ver que Marte tem uma aparência avermelhada, mesmo sem o auxílio de um telescópio. Hoje, é um planeta desértico, frio e seco. Contudo, talvez não tenha sido sempre assim. Tanto que nossas sondas enviadas a Marte descobriram indícios de que ele pode ter sido um mundo muito diferente num passado longínquo, quiçá com oceanos cobrindo até um terço da sua superfície.

A razão pela qual o clima de Marte sofreu mudanças tão drásticas é ainda uma questão muito polêmica. A ideia mais aceita é que o núcleo do planeta se solidificou com o tempo, pois, como se trata de um astro menor, não existe nele tanta pressão gravitacional das camadas concêntricas superiores. Isso deve ter provocado também a desativação de seu campo magnético, deixando-o desprotegido das consequências da força devastadora dos ventos solares. Por isso, a atmosfera do Planeta Vermelho sofreu também grave rarefação com o tempo. Atualmente, ele se encontra rodeado apenas por um fino envoltório de gás carbônico. A atmosfera de Marte é tão insignificante — correspondente a 1% do invólucro atmosférico da Terra — que o gelo pula a fase líquida diretamente para a de vapor, num processo chamado *sublimação*.

Marte tem dupla personalidade: acima do equador, é incrivelmente plano, enquanto abaixo dele apresenta a superfície predominantemente coberta por montanhas. A única semelhança entre seus hemisférios são os polos, ambos cobertos por camadas de gelo. No hemisfério sul de Marte, fica o Monte Olimpo, o vulcão mais alto do sistema solar e o segundo com o maior dos picos. É uma elevação duas vezes mais alta do que o Everest, mas talvez seja bem mais fácil de escalar. Afinal, as encostas do vulcão têm apenas 5° de inclinação. No entanto, não espere poder avistar o topo do monte a partir do sopé — é que o vulcão é tão vasto que talvez seu pico se perca de vista além do horizonte.

Existe também um desfiladeiro anfractuoso gigantesco, tomado de cânions intrincados, espraiando-se parcialmente ao longo dele pelas laterais, estendendo-se esse vale por quase um quarto da circunferência equatoriana do planeta. Chamado de Vale Marineris (considerado o Grand Canyon de Marte, com quase 5.000km de extensão), é parte de um vasto planalto vulcânico conhecido como Quadrilátero de Tharsis.

O planeta tem duas luas: Fobos e Deimos. Seus nomes significam medo e terror, e foram dados em homenagem aos filhos do deus da guerra que o acompanharam numa batalha. São astros minúsculos, com apenas 22,2km e 12,6km de diâmetro, respectivamente.

Exploração robótica

Enviamos uma frota de sondas espaciais teleguiadas que orbitaram o Planeta Vermelho, aterrissaram e exploraram várias partes de sua superfície. Elas presenciaram pores do sol em outro mundo, viram redemoinhos de areia em Marte e até avistaram nosso próprio planeta contemplando o céu de outra esfera planetária. São uma prova admirável da sede do espírito humano de novas descobertas e explorações científicas.

O principal objetivo dessas missões, desde o lançamento da *Mariner 4*, em 1965, até o da *Curiosity*, enviada ao espaço em anos mais recentes, é tentar descobrir se as condições climáticas em Marte já foram favoráveis à vida. Os módulos de aterrissagem da *Viking* da década de 1970 — as primeiras sondas a operar com sucesso na superfície de outro planeta — transportaram experimentos capazes de fazer testes diretamente no solo marciano, em busca de sinais de vida. Os resultados deram positivo, mas o consenso agora é que eles foram falsos. Afinal, essas máquinas ficaram com suas operações restritas às imediações de seus locais de pouso, mas, em missões posteriores, foram enviados veículos robóticos para explorar a superfície do planeta.

Principalmente as missões das sondas *Spirit* e *Opportunity* foram de um sucesso impressionante. Elas aterrissaram no planeta em 2004 e foram projetadas para durar apenas 90 dias. Só que a *Spirit* conseguiu durar seis anos e rodar 8km, até que acabou atolando numa parte do solo coberta de areia fina. Enquanto escrevo estas linhas, a *Opportunity* continua firme e forte, tendo percorrido na superfície do planeta, a esta altura, uma distância maior do que a de uma maratona.

Em 2012, elas receberam em Marte o reforço da *Curiosity*. Porém, como seu tamanho equivalia ao de um pequeno carro, ela não podia aterrissar da mesma forma que a *Spirit* e a *Opportunity*. Estas duas haviam sido despachadas para a superfície numa espécie de casulo amortecedor, feito de material sintético, que quicou várias vezes no solo antes de finalmente parar. Já a *Curiosity* foi baixada até a superfície usando-se um futurístico guindaste aéreo e um paraquedas especial com uma mochila a jato. Vale a pena procurar e assistir na internet ao vídeo dessa descida ao mesmo tempo tensa e emocionante na superfície de Marte — foi simplesmente uma assombrosa façanha da criatividade e da engenharia.

ENVIANDO SERES HUMANOS A MARTE

É bem possível que consigamos pôr os pés em Marte neste século, embora a façanha seja muito mais difícil do que ir à Lua, que fica a 380.000km da Terra, numa viagem de três dias. Para vencer os 225.000.000km que nos separam de Marte, o homem levaria sete meses.

Além disso, longas permanências no espaço estão repletas de perigos causados por radiação. Quando partículas de alta energia penetram a pele, liberam sua carga nas células e danificam o DNA. A exposição pode provocar câncer, intoxicação radioativa e catarata. Quando absorvida em grandes quantidades pelo corpo, pode ser letal. Portanto, os astronautas precisam de meios para se proteger com escudos que sejam leves o suficiente para não prejudicar a viabilidade da missão. O peso é um fator de enorme importância também. Afinal, os seres humanos precisam de comida, água e oxigênio. Levar essa carga pesada para Marte é caro, e fazê-la chegar à superfície é perigoso. Como a atmosfera do Planeta Vermelho é rarefeita, a pouca quantidade de gases nela contida é insuficiente para agir como freio na queda dos corpos.

Depois, temos a viagem de retorno. Robôs não sentem vontade de voltar para casa. Mas é bem provável que os seres humanos, sim. Enfim, é necessário levar uma quantidade suficiente de combustível — ou produzi-lo com os recursos existentes lá — para permitir que os astronautas retornem.

O Cinturão de Asteroides

Uma equipe internacional de cientistas está navegando pelos céus da Terra a bordo de um especializado laboratório volante a quase 12.000m de altitude.

Todos os olhos e instrumentos estão voltados para um objeto atravessando a atmosfera a mais de 12km/s. Enquanto isso, em terra, quatro equipes de observadores se espalharam por uma faixa com 20km de comprimento por 200km de largura de uma região do árido sertão australiano, esperando o momento de ele atingir o solo. Com o tempo, eles finalmente o encontraram, o embalaram cuidadosamente e o levaram para análises.

O objeto de suas buscas pode até ter vindo do espaço, mas não foi feito lá. A sonda *Hayabusa*, da Agência Espacial Japonesa (JAXA), tinha voltado para a Terra depois de uma problemática expedição de sete anos ao asteroide Itokawa 25143. Foi a primeira sonda a retornar ao planeta com amostras de asteroide.

Astrônomos foram longe porque asteroides representam uma oportunidade única para aprender mais sobre o sistema solar antes que ele tivesse planetas. São fósseis dos primeiros dias do sistema solar — blocos de construção planetários que não se tornaram parte de um planeta.

Esses *cambalhotantes* fragmentos espaciais de rocha e metal estão presentes em todo o sistema solar, mas cerca de 90% deles constituem um aglomerado em forma de cinturão entre as órbitas de Marte e Júpiter. O principal cinturão de asteroides representa uma parte de um planeta de formação abortada — um que não pôde se formar por causa da destrutiva força gravitacional do vizinho Júpiter.

Atualmente, a massa total do cinturão corresponde a somente 4% da massa da Lua. Só quatro de seus asteroides — Ceres, Palas, Vesta e Hígia — contribuem com a metade dessa massa. O restante vai ficando cada vez menor, até alcançar a condição de simples seixos celestes e até de partículas de poeira cósmica. Os asteroides maiores têm sido alvos de muitas observações e estudos. Em 2011, a *Dawn*, espaçonave da NASA, visitou Vesta antes que, um ano depois, partisse para Ceres. Quando chegou lá, em 2015, tornou-se a primeira espaçonave da história a ter orbitado dois diferentes corpos do sistema solar.

O cinturão principal é a parte em que se concentram cerca de 2 milhões de asteroides com mais de 1km de diâmetro. Por isso, talvez você pense que navegar através dele deva ser uma aventura cheia de imprevistos traiçoeiros e de arrepiar os cabelos. Filmes como *Star Wars*, em que vemos personagens se desviando de rochas em suas naves espaciais, vindo em direção contrária, ajudam a consolidar essa ideia. Mas o espaço é gigantesco. E acontece que, na maioria das vezes, os autores de ilustrações ou animações do cinturão de asteroides ampliam muito o tamanho das rochas, de modo que a pessoa possa vê-las. Porém, na verdade, a distância média entre os asteroides chega a quase 1 milhão de quilômetros.

Ameaça à Terra

O verdadeiro perigo representado pelos asteroides está nas ocasiões em que atingem a Terra. Há 66 milhões de anos, um asteroide com 10km de diâmetro — do tamanho de uma pequena cidade — caiu no litoral do México, causando nada menos do que um inferno no planeta. Até hoje, podemos ver a cratera formada pelo impacto. Tsunamis avançaram destruidoramente pelos oceanos, florestas inteiras foram alvo de devastação total, acompanhada a catástrofe por mortandades e caos generalizado, consequentes do impacto. Vastas quantidades de poeira e detritos lançados na atmosfera mergulharam a Terra num inverno nuclear. Desprovidas de luz solar, as plantas começaram a morrer. Em seguida, morreram as criaturas que se alimentavam de plantas. Depois, foi a vez dos seres carnívoros perecerem. Num espaço de 100 anos, os dinossauros e 70% de todas as espécies terrestres foram extintos. Nos oceanos, a extinção de espécies foi de nada menos que 90%.

Felizmente, extinções tão grandes assim são raras. Acredita-se que rochas espaciais com mais de 5km de diâmetro só atinjam a Terra uma vez a cada 20 milhões de anos. E temos uma vantagem enorme em relação aos dinossauros: telescópios. Atualmente, temos telescópios robóticos escrutinando os céus à procura de corpos celestes com mais de 1km de diâmetro e capazes de prever suas órbitas pelos próximos 100 anos. A boa notícia é que tão cedo não teremos nada com essa enormidade toda vindo em nossa direção.

Todavia, isso não impede que sejamos pegos de surpresa por corpos celestes muito menores. Tanto que, em 2013, uma bola de fogo atravessou velozmente os céus de Cheliabinsk, na Rússia. Um asteroide com 20m de diâmetro se aproximou de nós de mansinho, vindo das bandas do Sol como um piloto de caça da Segunda Guerra Mundial lançando um ataque surpresa. Felizmente, ninguém morreu, mas pessoas que observaram o fenômeno sofreram ferimentos quando a onda de choque estilhaçou janelas e atirou cacos de vidro para todos os lados.

Chegará um tempo em que um enorme asteroide representará uma ameaça para a Terra novamente. Até lá, precisaremos ter desenvolvido a capacidade de lidar com isso. Porém, ao contrário do que acontece em filmes de Hollywood, tentar destruí-lo com um míssil nuclear é a pior das opções e seria catastrófico, pois serviria apenas para despedaçá-lo em fragmentos um pouco menores e que continuariam vindo na direção da Terra. Uma das melhores soluções seria conservá-lo inteiro e tirá-lo aos poucos de uma possível rota de colisão com o nosso planeta, usando a força de deslocamento de uma sonda espacial.

Planeta	Diâmetro	Distância do Sol	Duração do dia	Duração do ano	Temperatura média (°C)	Luas conhecidas
Mercúrio	0,38	0,39	58,7 dias terrestres	88 dias terrestres	67	0
Vênus	0,95	0,73	243 dias terrestres	225 dias terrestres	462	0
Terra	1	1	24 horas	365 dias	15	1
Marte	0,53	1,52	24,6 horas	1,88 ano terrestre	-63	2
Júpiter	11,21	5,2	9,84 horas	11,86 anos terrestres	-161	69
Saturno	9,45	9,54	10,2 horas	29,46 anos terrestres	-189	62
Urano	4	19,18	17,9 horas	84,07 anos terrestres	-220	27
Netuno	3,88	30,06	19,1 horas	164,81 anos terrestres	-218	14

O Cometa 67P, as Sondas Rosetta e Philae

Foi um dos feitos mais audaciosos da história da exploração espacial com sondas robóticas. Depois de uma viagem de 10 anos e 6,4 bilhões de quilômetros percorridos, a sonda *Rosetta*, da Agência Espacial Europeia, finalmente alcançou o cometa conhecido como 67P/Churyumov-Gerasimenko (ou, simplesmente, 67P). Na época, ela se encontrava entre as órbitas de Marte e Júpiter.

Juntamente com os asteroides, os cometas são os ocupantes dos espaços vazios entre os planetas. Porém, ao contrário de seus semelhantes metálicos e rochosos, são quase totalmente compostos por gelo. Suas órbitas são, ademais, acentuadamente elípticas, o que faz com que alcancem regiões do espaço situadas além de Netuno, de modo que chegam a estabelecer, por assim dizer, estreitas relações cósmicas com o Sol. Os seres humanos alimentam interesse e curiosidade por cometas há milhares de anos por causa do espetáculo que proporcionam quando passam perto do nosso planeta. Aquecidos pelo Sol e soprados com força pelos ventos solares, os cometas ostentam duas caudas, prolongamentos que podem estender-se por centenas de milhares de quilômetros na retaguarda.

A Agência Espacial Europeia fez história quando sua sonda *Philae*, o módulo de aterrisagem da *Rosetta*, pousou no cometa 67P, em 2014.

A Agência Espacial Europeia tinha enviado uma espaçonave para fotografar um cometa antes, mas nunca havia tentado pousar um desses engenhos num deles. Ter conseguido fazer isso foi um feito nada desprezível, considerando-se que o 67P girava cambalhotante ao redor do Sol, a uma velocidade de 55.000km/h. Apreensivos, cientistas ficaram observando o momento em que a sonda *Rosetta* despachou a sonda *Philae*, seu módulo de aterrissagem do tamanho de uma máquina de lavar, para um contato com a superfície do cometa em 12 de novembro de 2014.

Contudo, as coisas não ocorreram exatamente conforme planejado. É que arpões projetados para ancorar a *Philae* no cometa não funcionaram. Com isso, a sonda atingiu a superfície e quicou várias vezes, até que parou 1km adiante, à sombra de um bloco de gelo. Impossibilitada de usar seus painéis solares por causa da escuridão, a sonda ficou sem combustível dois dias depois. Todavia, para surpresa geral, após mais de seis meses de hibernação forçada, a *Philae* despertou e saudou a *Rosetta*, em junho de 2015. É que o cometa, quando se aproximou do Sol, teve derretida uma quantidade suficiente de gelo para livrar a *Philae* das sombras.

Grande parte dos dados colhidos na missão ainda está sendo analisada por cientistas, mas um resultado notável é que a água presente no cometa parece diferente da que existe na Terra: contém uma proporção maior de deutério, fato que contraria a ideia de que cometas semelhantes ao 67P ajudaram a trazer água para a Terra primitiva.

Júpiter

O Rei dos Planetas do sistema solar tem um aspecto majestoso, até quando observado com um pequeno telescópio de fundo de quintal. Mesmo com um destes, você o vê com sua inconfundível cor alaranjada, juntamente com seus concêntricos anéis de nuvem de poeira. Já com um telescópio um pouco melhor, é possível observar sua famosa Grande Mancha Vermelha. Se bem que, ao que se saiba, o veloz movimento de rotação de Júpiter — o dia jupteriano dura menos de 10 horas terrestres — pode fazer com que ela fique no lado oposto do planeta. A rapidez de seus giros em torno do próprio eixo faz também com que Júpiter seja visivelmente mais saliente no equador do que nos polos.

O maior dos mundos planetários, em Júpiter caberiam todos os outros planetas do sistema e ainda sobraria espaço. São necessárias 1.321 Terras para igualar ao seu volume. Situado a uma distância média de 778 milhões de quilômetros do Sol, Júpiter leva quase 12 anos para completar sua órbita.

Ele tem mais ou menos a mesma composição química do Sol — 75% de hidrogênio e 24% de hélio. Todavia, ainda existe muita incerteza a respeito do que realmente acontece abaixo da superfície jupteriana. Acredita-se que existe um núcleo denso no centro de sua massa, mas não sabemos qual é o tamanho dele. Os astrônomos acreditam também que existe um envoltório líquido de hidrogênio entre o núcleo e o invólucro externo da atmosfera.

Os anéis de nuvem de poeira presentes nessa atmosfera se movem com frequência em direções opostas. As áreas escuras são chamadas cinturões, e as mais claras, zonas. Foram observados também relâmpagos mil vezes mais fortes do que os que ocorrem na Terra. A Grande Mancha Vermelha, aninhada em meio aos anéis de poeira do hemisfério sul de Júpiter, é um anticiclone antiquíssimo e de dimensão assombrosa. Em dado momento de sua existência, ele teve o tamanho de quatro Terras. No entanto, observações recentes revelaram que ele está encolhendo. Não sabemos muito bem por quê, mas pequenos turbilhões de gás, chamados também de redemoinhos, foram vistos entrando na tempestade e podem estar modificando sua estrutura interna.

Um fato pouco conhecido a respeito de Júpiter é que ele também tem anéis. Na verdade, os quatro planetas gigantes possuem um sistema de anéis. Ao contrário, porém, dos anéis de gelo de Saturno, os de Júpiter são feitos de poeira. Eles só foram descobertos quando a sonda *Voyager 1* passou nas proximidades do planeta em 1979.

Como é o maior planeta do sistema solar, Júpiter tem a maior das forças gravitacionais. Existem muitas questões sem resposta em torno do papel que ele teve na formação do nosso sistema estelar. Dizem que teve participação no Último Grande Bombardeio de Asteroides, uma intensa série de rajadas desses pequenos corpos celestes lançadas contra os planetas do sistema solar (pág. 84). Contudo, não sabemos ao certo se Júpiter é mesmo amigo ou inimigo nessa história — ou seja, se ele ajuda a nos mantermos seguros, retendo em torno de si esses verdadeiros projéteis celestes com sua força gravitacional, ou se representa uma ameaça para nós, mantendo-os encurralados em regiões perigosas do espaço. Provavelmente, faz as duas coisas.

As luas de Júpiter

Talvez como seja de esperar, o maior dos planetas tem a maior quantidade de luas — 69, de acordo com a última contagem. A maioria desses satélites é minúscula — asteroides ou cometas que passaram perto demais de um mundo gigantesco e acabaram ficando retidos em sua rede gravitacional. Algumas dessas luas jupterianas, porém, merecem tanta atenção quanto os planetas em si. Principalmente as chamadas luas galileanas, descobertas por Galileu Galilei em 1610: Io, Europa, Ganimedes e Calisto.

Ganimedes é o maior satélite natural do sistema solar. Com seus mais de 5.000km de diâmetro, é maior até do que Mercúrio. Porém, tal como veremos, para um corpo celeste ser considerado planeta, ele precisa girar sozinho ou diretamente ao redor do Sol (pág. 108). Calisto, seu satélite vizinho, tem uma superfície antiquíssima — pouco modificada nos últimos 4 bilhões de anos — e castigada, apresentando mais marcas de impactos de asteroides do que qualquer outro corpo celeste do sistema solar.

No entanto, talvez as duas luas de Júpiter mais intrigantes sejam as galileanas de órbitas mais próximas do planeta: Io e Europa. Io leva apenas 1,5 dia terrestre para circundar orbitalmente o planeta. Tamanha proximidade em relação a Júpiter provoca a ocorrência de marés gigantescas em sua superfície, levando à expansão e à retração da pequena lua. Essa constante flexão de massa — chamada *aquecimento de maré* — derrete a rocha nela existente e mantém 400 vulcões ativos, tornando Io o corpo celeste com o maior índice de atividade vulcânica do sistema solar. Rolos gigantescos de enxofre se estendem por centenas de quilômetros céu acima.

E não surpreende o fato de que Io tenha a menor quantidade de água entre todos os corpos celestes do sistema solar.

Já a mais distante Europa não tem esse problema. Afetada também pelo fenômeno do aquecimento de maré, embora nem de longe tão intensamente, seu gelo é transformado em água. E muita água. Acredita-se que existe mais água em estado líquido na lua Europa do que em todos os oceanos, lagos, rios e mares da Terra como um todo. Certamente, isso a põe entre os primeiros da lista de lugares a que devemos partir em busca de sinais de vida extraterrestre em outras regiões circunvizinhas do Sol.

JUNO

Nos últimos anos, a espaçonave *Juno* da NASA tem enviado à Terra fotografias com detalhes inéditos. Chegou lá em 2016, tornando-se apenas o segundo engenho espacial a orbitar Júpiter. A primeira dessas naves — *Galileo* — havia terminado sua missão em 2003. Uma década de avanços no desenvolvimento de câmeras fotográficas é mais do que evidente, como podemos perceber na enorme quantidade de imagens espetaculares enviadas à Terra.

As fotografias da Grande Mancha Vermelha tiradas de perto pela *Juno*, feitas com um mergulho da sonda num dos sobrevoos no planeta, devem ajudar os astrônomos a descobrir por que esse famoso fenômeno do astro está encolhendo. Medições precisas dos efeitos da força gravitacional sentidos pela sonda ajudarão a decifrar o que está acontecendo no núcleo do maior planeta do sistema solar. Compreender a composição de sua atmosfera é fundamental para entender a maneira pela qual Júpiter e o restante do sistema solar se formaram.

Um fato pouco conhecido sobre a espaçonave *Juno* é que ela levou três bonecos de alumínio feitos com peças de Lego em seu passeio pelo cosmos. Eles representam o deus romano Júpiter, sua esposa Juno e Galileu, o primeiro astrônomo que observou o planeta com um telescópio.

Saturno

O último dos astros da tradicional lista de planetas conhecidos por nossos ancestrais remotos, Saturno fica a quase 1,5 bilhão de quilômetros do Sol. O fato de que conseguimos vê-lo a olho nu de uma distância tão grande assim é uma prova de sua enormidade e do tanto considerável de luz solar que ele reflete em nossa direção. Como o segundo maior planeta do sistema, caberiam nele mais de 750 Terras.

No entanto, é incrivelmente leve para o seu tamanho. Com uma densidade média de 0,7g/cm^3, a sua é a menor entre as de todos os planetas do sistema. É uma densidade menor até do que a da água (1g/cm^3), o que significa que Saturno flutuaria numa banheira. Se bem que, na verdade, ele congelaria a água — a temperatura média em Saturno gira em torno de –178°C.

A inconfundível cor amarelada do planeta resulta da presença de cristais de amônia nas altas camadas de sua atmosfera. De vez em quando, observadores veem tempestades movendo-se com uma força devastadora pela atmosfera, tempestades que são mais comuns quando Saturno alcança sua maior proximidade em relação ao Sol, mais ou menos a cada 30 anos.

Com a chegada das sondas *Voyager* ao planeta, os astrônomos notaram a presença de nuvens formando uma configuração hexagonal no centro do polo norte. Cada um dos seis lados do hexágono é maior do que o diâmetro da Terra. A espaçonave *Cassini* também chegou a observar a nebulosa configuração. Entre 2013 e 2017, essas nuvens mudaram de cor, do azul para uma coloração dourada.

Assim como no caso de Júpiter, os astrônomos não sabem ao certo o que acontece abaixo dos invólucros de nuvens de Saturno. Acreditam que existem nuvens de água sob a camada concêntrica de cristais de amônia. Talvez haja, por baixo dela, um envoltório de hidrogênio metálico, circundando um núcleo denso e rochoso com um tamanho equivalente a algo entre 9 e 22 vezes a massa da Terra. Alguns cientistas chegaram a conjecturar que talvez ocorra a formação de diamantes na atmosfera de Saturno ao ritmo de 1.000t/ano. Segundo eles, raios transformam gás metano em poeira de carbono, que depois é transformada em diamantes por compressão, à medida que cai na direção do núcleo do planeta.

Os anéis

Os enigmáticos anéis de Saturno são, sem sombra de dúvida, o tópico mais famoso do sistema solar. Porém, apesar do muito que têm sido observados, ninguém sabe exatamente como eles se originaram.

Embora pareçam sólidos a distância, na verdade são feitos de pedaços de gelo, os quais podem ser do tamanho de uma casa. Se fosse possível reunir toda a matéria desses anéis numa esfera, o autor da façanha acabaria formando algo quase do tamanho de Mimas, uma das luas de Saturno. Talvez, portanto, a existência deles tenha começado na condição de satélite que foi destroçado pela força gravitacional do planeta ou esmigalhado numa colisão.

Dados recentes colhidos pela sonda *Cassini* indicam que os anéis devem ser muito jovens em comparação com a idade do sistema solar, tendo talvez apenas 100 milhões de anos. Se fossem mais velhos, os ventos solares teriam escurecido consideravelmente a matéria dos anéis. Somos muito sortudos por vivermos numa época em que Saturno tem anéis, pois, aparentemente, ele não os teve durante grande parte de sua existência.

Até com um telescópio amador observando-os da Terra, é possível perceber que os anéis são separados por espaços vazios. O maior deles é chamado Divisão de Cassini, ainda que Mimas tenha um papel aqui — a força gravitacional da lua mantém esse espaço assim. Aliás, algumas das luas de Saturno orbitam o planeta pelo interior dos anéis — as que fazem isso são denominadas "luas pastoras". Os nomes dos anéis são grafados com maiúsculas, mas por uma ordem alfabética de acordo com sua descoberta, e não por sua distância do planeta.

A sonda *Cassini* da NASA capturou esta imagem fascinante do Sol iluminando os anéis de Saturno por trás.

Esses anéis ainda escondem muitos mistérios. Desde os sobrevoos da *Voyager* pelo planeta, no início da década de 1980, astrônomos notaram a presença de manchas escuras nos anéis — configurações sombrias que se espraiavam como os raios de uma roda de bicicleta. Foram fotografadas novamente com a missão mais recente da *Cassini*, mas ainda não sabemos o que elas são.

CASSINI

A *Cassini* revolucionou a compreensão que tínhamos do planeta cercado de anéis. Lançada em 1997, chegou a Saturno em 2004. Em 15 de setembro de 2006, tirou uma das mais espetaculares fotografias da história da astronomia. A imagem mostra Saturno eclipsando o Sol, com a luz solar iluminando por trás o sistema de anéis planetário de uma beleza estupenda (ver acima). Como se isso não bastasse, um ponto minúsculo — que a pessoa pode confundir com uma das luas de Saturno — é, na verdade, a Terra vista a mais de 1 bilhão de quilômetros de distância.

> Em 2017, com o combustível quase zerado, os controladores da missão fizeram a *Cassini* realizar uma série de mais de 20 mergulhos audaciosos nos anéis, quando a missão já se aproximava do fim. Ela ficou mais perto do que nunca dos anéis, deslocando-se a uma velocidade de 100.000km/h. Os astrônomos tiveram tempo até para tirar outra fotografia da Terra vista a distância, mesmo em meio ao material dos anéis.
>
> Com um gesto de derradeira comemoração triunfal, os astrônomos fizeram a *Cassini* chocar-se com Saturno em setembro de 2017, vinte anos depois de ela ter partido da Terra para regiões distantes do sistema solar. Foi uma medida que impediu que a sonda acabasse contaminando acidentalmente os anéis ou as luas de Saturno.

As luas

Tal como Júpiter, Saturno é acompanhado em sua viagem ao redor do Sol por um cortejo de mais de 60 satélites naturais. A maioria deles é minúscula, mas Titã é maior do que Mercúrio. É a segunda maior lua do sistema solar, depois de Ganimedes, satélite de Júpiter.

Por causa da semelhança com a nave espacial de proporções lunares da franquia *Star Wars*, Mimas tem o apelido de "Estrela da Morte". A sinistra semelhança é pura coincidência — a Estrela da Morte apareceu nas telas três anos antes do envio das imagens de Mimas à Terra.

Hipérion parece ser a lua mais antiga de Saturno. Espécie de gigantesca pedra-pomes cósmica, crivada de buracos e com formato irregular, foi a primeira lua anesférica a ser descoberta. Talvez seja um enorme fragmento de uma antiga colisão.

Mas a lua que concentra a atenção de todos na atualidade é Encélado. De muitas fendas em sua superfície de gelo, esguicham jorros de água profusamente. Em 2017, astrônomos anunciaram que tinham descoberto também a existência de complexas substâncias químicas em Encélado — os componentes básicos da vida. A coexistência de água e estruturadores componentes vitais como esses pode significar a existência de vida em si, embora o fervoroso entusiasmo suscitado por tal possibilidade tenha arrefecido quando foi detectada também a tóxica presença de metanol em meio à matéria analisada. Contudo, Encélado está, juntamente com Europa, no topo da lista das luas com as maiores possibilidades de se revelarem satélites habitáveis.

Por fim, resta-nos Titã. Além de seu tamanho, ela se destaca das demais porque tem uma atmosfera densa e nebulosa — a única lua do sistema solar que apresenta essas características. Aliás, astrônomos enviaram para lá a sonda *Huygens*, fazendo com que atravessasse sua atmosfera turva e aterrissasse na superfície. Em 14 de janeiro de 2005, ela pousou no leito de um rio seco de uma região chamada Xanadu. É a única coisa que o homem aterrissou no solo de uma esfera situada na região limítrofe dos planetas externos do sistema solar.

Mapas da superfície de Titã revelam um mundo que nos parece muito familiar. Litorais, arquipélagos, ilhas e penínsulas foram esculpidos por oceanos cujas ondas lambiam costas e praias de eras prístinas. O problema é que, pela grande distância a que está do Sol, apresenta condições de temperatura baixas demais para que o presumível líquido com tais propriedades erosivas tenha sido água. O cinzelador dessa geografia deve ter sido metano líquido.

Urano

Achamos que as pessoas que vivem perto dos polos da Terra levam uma vida difícil. Afinal, durante longos períodos do ano, elas ficam imersas numa escuridão permanente ou atravessam dias que nunca anoitecem (pág. 72). Todavia, com a iluminação nos polos de Urano, as coisas assumem uma dimensão inteiramente nova.

O terceiro maior planeta do sistema solar se mantém sob uma inclinação axial acentuadíssima, girando de lado e com os polos mais ou menos alinhados com o plano de sua órbita de 84 anos ao redor do Sol. Isto faz com que os polos de Urano tenham 42 anos de dias sempre iluminados pela luz solar, seguidos de outros 42 anos de noites implacáveis. Não que seus dias sejam muito ensolarados. Situado a uma distância do Sol 20 vezes maior do que a nossa em relação ao astro rei, a luz que incide nele corresponde a 1/400 avos da que recebemos aqui. O planeta tem um diâmetro quatro vezes maior do que o da Terra, e 11 anéis conhecidos, todos muito tênues — o mais brilhante é Epsilon.

Ninguém sabe exatamente como Urano acabou ficando tão, como que por assim dizer, de pernas para o ar, mas, tal como no caso da maioria das esquisitices do sistema solar, especialistas põem a culpa dessa situação num impacto gigantesco sofrido pelo orbe. O sistema de anéis de Urano acompanha essa inclinação, o que faz com que pareça cingir verticalmente o centro da esfera de cima a baixo, em vez de na horizontal, como o fazem os anéis de Saturno.

Às vezes, tanto Urano quanto Netuno são chamados de "Gigantes de Gelo", já que sua composição química indica que são astros diferentes dos gigantes gasosos Júpiter e Saturno. Neles, tão distantes assim do Sol, água, amônia e metano se transformam em gelo.

Até agora, foram descobertas 27 luas girando em torno de Urano. Todas apresentam nomes homenageando peças de Shakespeare ou obras de Alexander Pope. Entre os nomes conhecidos presentes nessas obras, estão: Romeu, Julieta, Ofélia (*Hamlet*), Puck e Oberon (*Sonho de uma noite de verão*).

Titânia (*Sonho de uma noite de verão*) é a maior delas, mas, com uma circunferência pouco abaixo de 800km, tem menos da metade do diâmetro da nossa Lua. Já Miranda (*A tempestade*) talvez seja o satélite mais notável de Urano, com as marcas gigantescas na superfície que a Lua exibe. Essas coisas indicam que ela é uma espécie de "Lua Humpty-Dumpty"* — destroçada por cataclismo cósmico e depois não mais reconstituída de forma plena.

A *Voyager 2* é a única sonda que visitou Urano. Numa aproximação cautelosa do planeta em 1986, seus sensores ópticos captaram imagens de uma atmosfera verde-azulada quase totalmente uniforme, em flagrante contraste com seus planetas vizinhos, astros atmosférica e geologicamente mais ativos. De uns tempos para cá, autoridades no assunto vêm lançando apelos para que se envie uma nova sonda para explorar esse planeta tão ignorado, numa tentativa de decifrar alguns de seus segredos.

---

* Nome de um personagem fantástico, com aparência de ovo, de *Através do espelho e o que Alice encontrou por lá*, história infantil do inglês Lewis Carroll. Na história, o personagem cai de um muro, e depois, espatifando-se no chão, não é mais possível recuperá-lo, restaurando-lhe a compleição. (N. T.)

Netuno

No verão de 1989, a *Voyager 2* deixou os planetas gigantes para trás. Levando-a a afastar-se do Sol, os cientistas voltaram suas câmeras para Netuno, com o objetivo de realizar uma rápida sessão de captura de imagens de Tritão, a maior de suas luas. Ambos estavam belamente iluminados, com a aparência de tênues meias-luas, até que os últimos bruxuleios de luz solar refletida sumiram de vista.

Ao contrário da superfície de Urano, a superfície verde-azulada de Netuno é incrivelmente dinâmica. A *Voyager 2* localizou, no hemisfério sul do planeta, uma Grande Mancha Escura com um diâmetro do tamanho da circunferência da Terra. Ela estava acompanhada por um fenômeno natural brilhante e de rápida movimentação chamado carinhosamente de Scooter (ou Motoneta). Quando, em 1994, o Telescópio Espacial Hubble voltou a capturar imagens de Netuno, a Grande Mancha Escura havia desaparecido, substituída por uma nova tempestade ao norte do equador. Em Netuno, as tempestades varrem devastadoramente o planeta com os ventos mais fortes entre os orbes do sistema solar — soprando a uma velocidade de até 580m/s (ou quase 2.100km/h).

Em matéria de massa, a de Netuno fica mais ou menos entre a da Terra e a de Júpiter — 17 vezes mais pesada do que a daquele e 19 vezes mais leve do que a deste último. Sua órbita se encontra numa região do espaço trinta vezes mais distante do Sol do que o nosso planeta em relação à estrela solar, e ele leva 165 anos para realizar uma volta completa em torno do astro rei. As temperaturas por lá chegam a incríveis e congelantes −218°C.

Até agora, descobrimos a existência de 14 luas netunianas, a última há pouco tempo, em 2013. De longe, a mais interessante — e enigmática — é Tritão. O fato é que ela não é apenas geologicamente ativa — situação que a põe num clube exclusivo de raridades, ao lado de Io, lua de Júpiter, e de Encélado, lua de Saturno —, mas também orbita Netuno na direção contrária ao do movimento do planeta em volta do Sol. É a única grande lua do sistema solar com a chamada órbita *retrógrada*.

Isso torna a tentativa de explicar de onde ela se originou algo dificílimo. Normalmente, luas de órbita retrógrada são pequenas — corpos celestes, tais como asteroides ou cometas que se aproximaram de um planeta sob uma angulação arrojada demais e, incorporados ao sistema planetário pela força gravitacional do astro, acabaram passando a orbitá-lo retrogradamente. Mas não é tão fácil fazer a mesma coisa com um corpo celeste medindo 2.700km de diâmetro. Muitos astrônomos acreditam que Tritão deve ter sido um planeta anão (pág. 108) atraído de uma região mais afastada pela força gravitacional de Netuno. Por que ele não colidiu com Netuno, em vez de se fixar harmoniosamente numa órbita estável, não sabemos.

Grande parte da metade ocidental de Tritão tem uma superfície de aparência estranha, que astrônomos chamam de "região casca de melão", em razão de sua semelhança com a casca dessa fruta. Seu polo sul é coberto por uma camada de gelo com nitrogênio e metano que sofreu um bombardeio de massa de poeira sedimentada expelida por gêiseres criovulcânicos.

Plutão

Pobre Plutão. Esse planeta gelado, verdadeira bola de neve circulando numa órbita situada além da faixa orbital de Netuno, passou por maus bocados. Quando descoberto em 1930, pelo astrônomo americano Clyde Tombaugh, foi imediatamente aclamado o nono planeta. Mas sua condição de membro desse clube exclusivo durou menos de um século.

As coisas começaram a desandar em meados do ano 2000. Primeiro, porque astrônomos descobriram Éris, um mundo mais distante, que acreditam ser maior do que Plutão, e que também orbita o Sol. Os astrônomos ficaram num dilema danado quando precisaram decidir em que categoria deveriam encaixar Éris. Afinal, se Plutão é um planeta, então Éris tem todo o direito de ser tido como tal — até porque ele orbita o Sol e é maior. Então onde fica a linha cosmológica que separa classificatoriamente os planetas do restante dos corpos celestes do sistema solar que são bem menores?

O status cósmico de Plutão foi submetido a novas análises, já que ele se destaca outros aspectos. Em primeiro lugar, devemos considerar que sua órbita cruza com a de Netuno. Durante 20 dos 248 anos de seu período orbital, ele permanece perto do Sol. Entre 1979 e 1999, ele era o oitavo planeta, e não o nono. Além disso, mantém-se preso numa espécie de dança gravitacional com Netuno que os astrônomos chamam de *ressonância*. Plutão completa exatamente duas órbitas ao redor do Sol a cada três completadas por Netuno. Isso faz com que fiquem sempre distantes um do outro e, assim, não há risco de colisão.

Plutão tem também um relacionamento anormal com a maior de suas luas: Caronte. Ao contrário de um sistema planetário formado por planeta e lua, esses dois mundos giram em torno de um ponto comum no espaço vazio entre eles.

Portanto, alguma coisa tinha de ser sacrificada nessa história. No verão de 2006, autoridades participantes de uma reunião da União Astronômica Internacional (UAI) decidiram reclassificar Plutão (e Éris) em uma nova categoria de corpos celestes: planetas anões (pág. 108). Plutão foi rebaixado porque não "limpou as vizinhanças ao longo de sua órbita"[*] — ou seja, ele não é o astro dominante ou o maior corpo celeste nas imediações de sua trajetória orbital ao redor do Sol (Netuno é na sua). É uma decisão que continua muito controversa.

Em 2005, quando ele ainda era considerado planeta, a NASA enviou a sonda *New Horizons* numa missão exploratória a Plutão. Quando chegou lá, em 2015, seu destino não era mais um planeta. No entanto, planeta ou não, a sonda revelou a existência de um lugar fascinante, muito além das expectativas de inúmeros astrônomos. Porquanto, não só obtivemos as primeiras imagens em alta resolução desse mundo frígido, mas vimos também que é mais ativo do que poderíamos imaginar. Apesar do fato de as temperaturas lá baixarem para −240°C, alguns desconhecidos processos geológicos remodelaram sua superfície no passado recente.

Como preparativo para a chegada da *New Horizons* ao destino, astrônomos vasculharam a região circunvizinha a Plutão em busca de quaisquer sinais da existência de outras luas que pudessem ser perigosas para a missão. Acabaram descobrindo duas — Cérbero e Estige — juntando-as assim às já conhecidas Caronte, Nix e Hidra.

---

[*] Em outras palavras, "limpar" no sentido de conseguir predominar em sua zona orbital com sua força gravitacional, incorporando corpos celestes vizinhos menores, fundindo-se ou conglobando-se com eles etc. "Isso se relaciona com o 'nível de importância' do corpo para o sistema planetário, pelo fato de que, se um corpo ainda não limpou a órbita ao seu redor, significa que ainda é dinamicamente instável, ou seja, em pouco tempo poderá sair de sua órbita e acabar colidindo com outros corpos." Fonte: www.comciencia.br (N. T.)

Os Planetas Anões

A decisão de adotar uma estrita definição para a classificação de corpos celestes na categoria de planeta, juntamente com as regras estipuladas para se definir aquilo que se pode chamar de planeta anão, fez com que os livros didáticos fossem parar na lata do lixo. Eis a seguir a transcrição de uma parte da resolução aprovada por astrônomos participantes da reunião da UAI em Praga, em agosto de 2006:

(1) Planeta é um corpo celeste que:
   (a) orbita o Sol,
   (b) tem massa suficiente para que sua própria gravidade supere as forças gravitacionais de um corpo rígido, de modo que este assuma uma forma tal que fique em equilíbrio hidrostático (quase esférico), e
   (c) tenha limpado as vizinhanças ao longo de sua órbita.

(2) Planeta anão é um corpo celeste que:
   (a) orbita o Sol,
   (b) tem massa suficiente para que sua própria gravidade supere as forças gravitacionais de um corpo rígido, de modo que este assuma uma forma tal que fique em equilíbrio hidrostático (quase esférico),
   (c) não tenha limpado as vizinhanças ao longo de sua órbita, e
   (d) não é um satélite.

Plutão não atende ao requisito 1(c). Seu rebaixamento significou a promoção de Ceres para uma categoria superior. Ceres, além de ser o maior corpo na principal faixa do cinturão de asteroides, foi considerado um planeta também quando o descobriram, em 1801. Perdeu esse posto honroso logo depois, mas a resolução de 2006 o promoveu à categoria de planeta anão. Três mundos mais distantes do que Plutão — Éris, Haumea e Makemake — também foram incluídos oficialmente na categoria.

Éris é o maior corpo celeste do sistema solar ainda não visitado por uma espaçonave. Está quase 100 vezes mais distante do Sol que a Terra, perfazendo uma órbita que leva 558 anos para ser completa. Faz isso acompanhado por, pelo menos, uma lua — Disnomia.

Haumea é um estranho corpo celeste ovoide que gira atabalhoadamente ao redor Sol, junto com Hi'iaka e Namaka, seus dois satélites. Em 2017, astrônomos descobriram que ele tem um anel. Seu nome é uma homenagem a uma deusa havaiana, já que foi descoberto usando-se telescópios de uma das ilhas do arquipélago. Contudo, no início ele era designado pelo apelido de "Papai Noel", pois foi descoberto logo depois do Natal.

Makemake tem a origem de seu nome na mitologia da Ilha de Páscoa — ele foi descoberto na Páscoa. Daí o apelido que recebera no início: "Coelhinho da Páscoa". A descoberta de uma lua a ele atrelada foi anunciada em 2016, mas, na época em que eu estava escrevendo estas linhas, esse corpo celeste ainda não tinha recebido um nome oficial.

Na verdade, existem muitos outros mais do que apenas quatro planetas anões. É quase certo que Sedna, por exemplo, seja um deles. Todavia, esse pequeno astro leva 11.400 anos para completar sua órbita. Isso torna difícil a realização de testes precisos para saber se ele atende ao critério da forma *quase esférica*. Portanto, devemos esperar o anúncio de mais planetas anões à medida que formos criando telescópios maiores e pudermos observar mais de perto outros desses orbes minúsculos e remotíssimos.

O Cinturão de Kuiper e a Região Transnetuniana

A descoberta de Plutão, em 1930, fez com que as imaginações funcionassem a mil por hora. Astrônomos começaram a conjecturar se o novo planeta era apenas um de uma miríade de outros mundos girando em torno do Sol em órbitas para além de Netuno. Ao longo das décadas, diferentes pensadores improvisaram animadas palestras sobre variações dessa ideia, mas foi o nome do astrônomo holandês Gerard Kuiper que se tornou mais estreitamente associado a essa região do espaço. Hoje em dia, nós a conhecemos como o Cinturão de Kuiper.

Essa associação parece um tanto forçada, principalmente porque Kuiper disse claramente que o cinturão não existia mais. Já o astrônomo irlandês Kenneth Edgeworth chegou mais perto da verdade e publicou suas ideias antes de Kuiper. No entanto, em 1992, quando, desde a descoberta de Plutão, se descobriu o primeiro corpo celeste numa região além da órbita de Netuno, o feito foi recebido com elogios e tido como prova da existência do que se continuou a chamar de Cinturão de Kuiper, em vez de ter recebido a justa denominação de Cinturão de Edgeworth.

O Cinturão de Kuiper se estende da órbita de Netuno até uma região que fica a uma distância do Sol quase 50 vezes superior à que separa a Terra do astro rei. Até agora, foram descobertos mais de 1.000 Corpos do Cinturão de Kuiper (CCKs) e astrônomos acreditam que podem existir nada menos do que 100.000 deles com mais de 100km de diâmetro. Porém, sua massa total não passa de 1/10 da massa da Terra. Acredita-se que tenham sido formados a partir de planetesimais, tal como acontece com planetas, mas eles são muito menores porque havia um número inferior de matéria estruturadora a uma distância tão grande assim do Sol. Plutão, aliás, é o mais famoso CCK, juntamente com os planetas anões Haumea e Makemake.

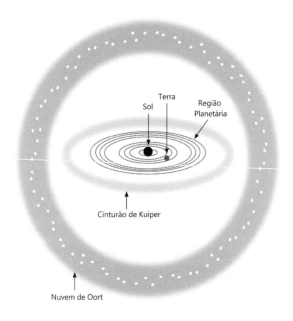

O sistema solar não se limita apenas à zona onde orbitam os seus planetas.
Para além de Netuno, ficam outros componentes seus, como o
Cinturão de Kuiper e a Nuvem de Oort.

Éris, o outro planeta anão transnetuniano, fica além do Cinturão de Kuiper, numa região conhecida como Disco Disperso. As órbitas que os corpos celestes presentes nessa região descrevem podem fazer com que cheguem a ficar 100 vezes mais distantes do Sol do que a Terra. Ainda não se sabe exatamente a origem do Disco Disperso, mas astrônomos dizem que o responsável pelo fenômeno foi Netuno — o planeta que espalhou os corpos celestes do Cinturão de Kuiper quando foi se afastando do Sol, nos primórdios da formação do sistema solar (págs. 115-6).

O Nono e o Décimo Planetas

"Minha Velha Traga Meu Jantar: Sopa, Uva, Nozes e Pão." — assim fica fácil memorizar a posição que os nove planetas ocupam na ordenação orbital de nosso sistema planetário. Aí Plutão foi rebaixado e tivemos de tirar o *Pão*. Mas é bom a gente ir se preparando para acrescentar mais alimentos nesse jantar.

É que, com o passar dos anos, quanto mais avançamos nas observações e estudos dos corpos celestes transnetunianos, mais fomos sentindo que havia algo um tanto estranho acontecendo naquela região. Em 2014, observadores notaram, por exemplo, que dois Corpos do Cinturão de Kuiper — Sedna e 2012 VP$_{113}$ — possuíam órbitas bem parecidas. Mais especificamente, verificaram que elas tinham em comum o que se denomina *argumento do periélio* — ou seja, os respectivos ângulos orbitais com que ficam

A existência de vários pequenos corpos celestes na região transnetuniana com similaridade de inclinação orbital poderia ser a resultante da força gravitacional de um nono planeta ainda não detectado pelos instrumentos terrestres.

inclinados em relação aos planetas quando se encontram em seu ponto de maior aproximação do Sol. Os valores dessa angulação deveriam apresentar certa variação aleatória, mas estranhamente eles se igualam. Depois, em 2016, astrônomos revelaram que outros quatro corpos do cinturão apresentam essa mesma característica. Calcularam também que a probabilidade de isso se dever ao acaso era de apenas 0,007%.

A explicação mais aceita é que não percebemos que existe mais um planeta no sistema solar. Embora tenhamos descoberto Netuno com base no que sua força gravitacional está fazendo com Urano (págs. 47-8), a força gravitacional desse planeta ainda não descoberto pode estar alinhando as órbitas desses seis pequenos mundos. Ele deve ter 10 vezes a massa da Terra e levar entre 10.000 e 20.000 anos para orbitar o Sol. Atualmente, astrônomos estão empenhados em esforços intensos de esquadrinhamento dos céus para tentar localizá-lo, astro que seria o primeiro a ser descoberto depois de quase dois séculos.

Talvez haja até dois deles ainda por descobrir. Em junho de 2017, astrônomos publicaram um estudo em que um décimo planeta (se é que o Planeta Nove realmente existe) poderia explicar as órbitas estranhas de alguns dos outros Corpos do Cinturão de Kuiper. Bem menor do que o Planeta Nove, ele precisaria ter quase a massa de Marte.

Está claro, enfim, que a visão que temos do sistema solar está longe da sua realidade integral e que é bem provável que mude novamente nos próximos anos.

As *Voyagers* e a Heliosfera

Onde exatamente ficam os limites do sistema solar? Uma das formas para determinar esses limites é procurar saber a resposta acerca de precisamente onde a influência magnética do Sol começa a diminuir. E, graças às sondas *Voyager*, temos dados precisos sobre as fímbrias da chamada heliosfera.

Enquanto a *Voyager 2* era empregada na exploração de Urano e Netuno, a *Voyager 1* seguia firme na direção dos limites do sistema solar. Hoje, ela se encontra a mais de 20 bilhões de quilômetros de distância do Sol. Já a *Voyager 2* segue na esteira da sonda-irmã, estando agora a uns 3 bilhões de quilômetros atrás. Embora não haja nada para observar na escuridão extrema do vazio do espaço, os instrumentos científicos de ambas as sondas continuam ligados. Eles têm enviado diariamente para a central de operações medições dos ventos solares, embora estes soprem na retaguarda. Esses sinais de rádio enviados por elas levam mais de 30 horas para chegar à Terra.

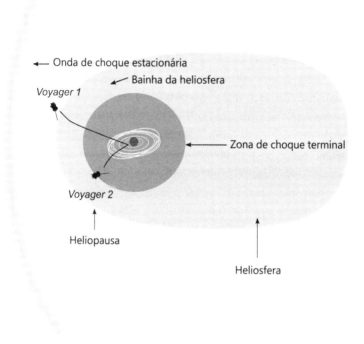

Em 2012, a sonda *Voyager 1* tornou-se o primeiro engenho a sair do sistema solar, quando ultrapassou a heliopausa.

O incrível é que, de 2010 em diante, a velocidade dos ventos solares percebida pelos sensores da *Voyager 1* caiu para zero. Assim, já em agosto de 2012, astrônomos ficaram bastante confiantes para afirmar que a sonda tinha atravessado a fronteira da heliopausa — a zona limítrofe da heliosfera — e entrara no espaço interestelar. Em sua velocidade atual, ela levaria por volta de 30.000 anos para alcançar o sistema estelar vizinho.

> ## A NUVEM DE OORT
>
> Cometas com pequenos períodos orbitais — cuja órbita leva menos de 200 anos para ser completada — se originam do Cinturão de Kuiper e do Disco Disperso (pág. 109). Como exemplos, temos o Cometa Halley e o Cometa 67P. Acredita-se que cometas com órbitas maiores devem provir de uma concentração de corpos celestes mais distantes, conhecida como Nuvem de Oort. Os confins dessa nuvem devem estar situados numa região mil vezes mais distante do centro do sistema solar do que do Disco Disperso e estender-se por 30 *trilhões* de quilômetros espaço afora — algo equivalente a mais da metade da distância que a separa da estrela vizinha. Seu nome é uma homenagem ao astrônomo holandês Jan Oort, que andou debatendo a ideia na década de 1950. Mas sua existência continua apenas no plano teórico — quaisquer cometas que lá existissem estariam longe demais do Sol para que pudessem ser observados diretamente com os telescópios atuais. A *Voyager 1* chegará a essa região daqui a uns 300 anos, mas suas baterias terão se esgotado muito antes. Os cometas da nuvem talvez fiquem tão frouxamente atrelados ao Sol que estrelas próximas, em trânsito orbital pela região, provavelmente conseguirão dar um empurrãozinho em alguns deles, fazendo-os seguir em nossa direção. Esse deslocamento representa a volta ao lugar de onde partiram originariamente — astrônomos acreditam que eles se formaram nas regiões periféricas do sistema solar antes de terem sido espalhados pelo espaço afora pelos movimentos dos planetas gigantes e acabaram parando nos locais em que perfazem suas órbitas atuais.

Aliás, os feitos da *Voyager 1* deveriam ficar na história como realizações pioneiras de inestimável valor. Contudo, declarações de que ela chegou a sair do sistema solar deveriam ser vistas com cautela. Na verdade, a *Voyager 1* só saiu do sistema solar no que se refere ao alcance do magnetismo de nossa estrela. Afinal, é provável que existam corpos celestes de tamanho considerável em regiões mais distantes, mas que ainda assim orbitam o Sol, principalmente o possível Planeta Nove. Enfim, poderia a *Voyager 1* ter realmente saído do sistema solar se ainda não alcançou a distância a que se encontra de nós o planeta mais afastado do Sol?

O Modelo de Nice

O sistema solar da atualidade é um lugar complicado, com muitas características complexas. Juntar as peças do quebra-cabeça para montar um quadro lógico explicativo da forma pela qual um disco de detritos cósmicos circundando um Sol nascente se transformou num intricado sistema de planetas, satélites naturais, planetas anões, asteroides e cometas é muito difícil. Mas, nos últimos anos, esforços nesse sentido foram facilitados pelo advento de supercomputadores capazes de processar modelos teóricos extremamente detalhados. Até agora, o melhor simulador da formação do sistema solar foi o modelo de Nice, assim designado em homenagem à cidade francesa em que foi desenvolvido.

Esse modelo cosmogônico propõe que, em seus primórdios, os quatro planetas gigantes estavam mais coesos e mais próximos entre si, antes que as inter-relações gravitacionais fizessem com que migrassem para suas posições orbitais atuais. Temos a melhor correspondência com o sistema solar atual no modelo em que Júpiter figura transferindo-se para o centro do sistema e os outros planetas afastando-se dele. Em alguns modelos, Urano e Netuno chegam a trocar de lugar um com o outro. Quando Júpiter se aninhou no cinturão de asteroides, deve ter dispersado muitos corpos rochosos, talvez sendo esta a causa do Último Grande Bombardeio de Asteroides (págs. 84-5). De modo semelhante, quando Netuno forçou sua acomodação numa região mais externa da heliosfera, destruiu os pequenos corpos celestes existentes no Cinturão de Kuiper, formando assim o que se conhece como Disco Disperso. Netuno pode também ter atraído, do cinturão para si, Tritão, sua grande lua irregular (págs. 105-6). Alguns cometas foram dispersados com tamanha força que acabaram formando a Nuvem de Oort.

Em sua configuração original, o modelo de Nice continha apenas quatro planetas gigantes. Mas os astrônomos testaram também o modelo com um quinto planeta gigante, de variados tamanhos ao longo dos testes. Para surpresa deles, ele gerou representativamente um sistema solar ainda mais parecido com o nosso. Porém, se há mesmo um quinto planeta gigante, onde estaria agora? Se sofreu também a dispersão causada por seus vizinhos maiores, pode ter sido relegado para o isolamento cósmico de uma região muito além de Netuno. Se o Planeta Nove foi realmente descoberto, é quase certo que terá sido o planeta que faltava descobrir (págs. 111-2).

O único problema com um modelo de Nice contendo cinco planetas gigantes é que simulações recentes demonstraram que suas migrações teriam provocado um efeito desastroso em planetas rochosos. Em quase todos os modelos, Mercúrio acaba sendo expulso do sistema solar. Mas é óbvio que isso não aconteceu. No entanto, podemos preservar a validade do modelo de Nice afirmando que a migração desses planetas deve ter ocorrido antes da formação dos planetas rochosos. Só que, desse modo, não temos como explicar a ocorrência do Último Grande Bombardeio de Asteroides como resultante da migração de Júpiter. Isso conviria muito aos que argumentam que o Último Grande Bombardeio de Asteroides nunca aconteceu (págs. 84-5).

Portanto, nossas ideias a respeito da forma pela qual nosso sistema solar formou-se evoluem constantemente, à medida que vamos montando simulações computadorizadas mais e mais avançadas, com novas descobertas acontecendo na vastidão do espaço além de Netuno.

CAPÍTULO QUATRO

As Estrelas

Qual a Intensidade de seu Brilho?

Basta uma olhadinha no céu noturno para que percebamos que algumas estrelas são mais brilhantes do que outras. Os astrônomos têm um padrão de medida para quantificar o brilho das estrelas conforme vistas da Terra: *magnitude aparente*. O sistema de medição é baseado nas características da estrela Vega, uma das mais brilhantes no céu noturno. Para efeito de aferição, diz-se convencionalmente que ela é uma estrela de magnitude zero. Toda estrela com magnitude aparente negativa é mais brilhante do que Vega. Já aquelas com um valor positivo são menos brilhantes. Cada nível na escala de magnitude é aproximadamente igual a uma diferença de brilho de 2,5 vezes. Assim, uma estrela com −1,0 de magnitude é duas vezes e meia mais brilhante do que Vega, e uma estrela com +2,0 de magnitude é 6,25 vezes menos brilhante (2,5 x 2,5) do que ela.

Contudo, os corpos mais brilhantes no céu noturno não são estrelas: a Lua cheia (−12,74), a Estação Espacial Internacional (−5,9), Vênus (−4,89), Júpiter (−2,94) e Marte (−2,91) são todos mais brilhantes. Sirius é a estrela mais brilhante, com seu −1,47 de magnitude.

Só porque uma estrela se mostra cintilante em nosso céu noturno não significa que ela seja muito brilhante. Pode apenas estar bem perto de nós, relativamente falando. Assim, uma estrela de brilho deslumbrante pode nos parecer pouco brilhante porque está distante demais. Por isso, os astrônomos têm outra unidade de medida para indicar o verdadeiro brilho das estrelas, denominado *magnitude absoluta*. Ele nos informa a intensidade do brilho que uma estrela pareceria ter se o observador estivesse a uma distância de 32,6 anos-luz. Essa magnitude é medida com base na mesma escala da magnitude aparente.

ESTRELAS DE BRILHO VARIÁVEL

Nem todas as estrelas têm brilho constante — parece que sua magnitude aparente muda com o tempo. Astrônomos as chamam de estrelas variáveis. Normalmente, estrelas apresentam variações de brilho por duas razões: ou elas realmente sofrem mudanças na intensidade de seu brilho ou pode dar-se o fato de que algo se interponha periodicamente entre ela e o observador.

Uma das mais famosas estrelas variáveis é Algol — também conhecida como Estrela Demônio. Em mapas estelares, aparece quase sempre como representação do olhar demoníaco da cabeça decapitada da górgona Medusa, sustida no ar pelo herói Perseu. A cada 2,86 dias, sua magnitude cai de 2,1 para 3,4. E assim fica por um período de cerca de 10 horas. Isso acontece porque ela não é uma estrela unitária, mas um sistema ternário. Algol parece obscurecer-se quando uma das estrelas do sistema, menos brilhante, eclipsa parcialmente a estrela-irmã, a mais fulgente de todas.

As variáveis Cefeidas são outro tipo famoso de estrela de brilho variável. Polaris — Estrela Polar ou Estrela do Norte — é o exemplo mais próximo da Terra. Essas estrelas expandem-se e contraem-se periodicamente, fenômeno que as faz ficarem mais ou menos brilhantes, num ciclo incessante.

Sirius é um exemplo clássico. Embora sua magnitude aparente seja de um glorioso −1,47 na escala, sua magnitude absoluta é de 1,42. Ela parece ser a estrela mais brilhante no céu noturno apenas porque está relativamente perto de nós. Rígel, uma estrela que fica na vizinha Constelação de Órion, tem uma magnitude aparente de 0,12, mas uma magnitude absoluta de −7,84. Ela é, sem dúvida, uma das mais luminosas estrelas que podemos ver no céu à noite.

A QUE DISTÂNCIA ESTÃO DE NÓS?

Para calcularmos a magnitude absoluta de uma estrela precisamos saber a que distância ela está de nós. Desse modo, podemos conhecer o grau de sua magnitude aparente. Visto que não temos como usar uma fita métrica no universo, como é possível calcular distâncias enormes como essas? No caso das estrelas mais próximas, incluindo muitas das que são visíveis no céu noturno, astrônomos usam uma técnica chamada *paralaxe*.

Para ver como isso funciona, substituamos a estrela em questão por seu dedo indicador. Aponte o dedo indicador com o braço estendido e levantado, feche um dos olhos e alinhe o dedo com um objetivo qualquer situado a certa distância — talvez a borda da moldura de um quadro ou o canto de um quarto. Agora, feche o olho que está aberto e abra o outro. É bem possível que você tenha a impressão de que seu dedo se deslocou de um lado para outro. Em seguida, repita o procedimento, mas com o dedo bem mais perto do rosto. Acha que esse deslocamento foi maior ou menor do que antes?

Espero que tenha tido a impressão de que seu dedo sofreu um deslocamento consideravelmente maior. Quando um objeto próximo é visto alternadamente de dois pontos de vista diferentes (neste caso, os de seus olhos), parece mudar mais acentuadamente de posição em relação ao plano de fundo do que um objeto mais distante. Astrônomos reproduzem a experiência que você fez com seus olhos observando uma estrela num intervalo de seis meses, quando a Terra está em lados opostos do Sol. Uma estrela próxima dá a impressão de deslocar-se muito mais para o lado em relação ao plano de fundo do que outra que esteja mais distante. Neste caso, eles usam conhecimentos de trigonometria para converter o ângulo de deslocamento aparente da estrela relativamente a ele. Gaia, o telescópio da Agência Espacial Europeia, lançado em 2013, é capaz de usar a técnica da paralaxe para medir as distâncias de estrelas situadas a algumas dezenas de milhares de anos-luz da Terra. Já com astros luminosos mais distantes, o ângulo fica pequeno demais para se fazer medições precisas, por isso os astrônomos usam outro método para medir distâncias astronômicas (págs. 170-1).

Qual a Temperatura Delas?

As torneiras do banheiro da sua casa têm mentido para você a vida inteira. Todo dia, lavamos as mãos e escovamos os dentes diante de uma pia cujas torneiras teimam em indicar que vermelho significa quente e azul, frio. Na verdade, é justamente o contrário. E você não precisa observar as estrelas para perceber isso. Afinal, as chamas mais quentes, tais como as produzidas por um maçarico, são azuis. Já uma chama normal, livre, é amarela. Somente quando uma chama começa a esfriar e vai se extinguindo é que ela fica vermelha.

Embora as estrelas não vivam em chamas, o princípio é o mesmo. Portanto, basta olharmos para a cor de uma estrela para sabermos seu grau de quentura. As estrelas mais frias são vermelhas, com temperaturas de superfície girando em torno de 3.000K (Kelvin; se quiser converter para Celsius/Centígrados, basta subtrair 273). Já estrelas amarelas apresentam temperatura superficial média de 6.000K. As estrelas mais quentes, que parecem azuis, podem alcançar temperaturas de 50.000K.

Baseados em suas cores, os astrônomos classificam as estrelas em sete grupos, usando um sistema conhecido como Classificação Espectral de Harvard. Os grupos são designados com as letras O, B, A, F, G, K e M. Antes, esses grupos iam de A a Q_2 mas, como os astrônomos verificaram que havia um considerável número de estrelas em grupos contíguos com características coincidentes, muitos deles foram eliminados.

Classe espectral	Cor	Temperatura (K)	Percentual do total de estrelas
O	Azulada	>30.000	0,00003
B	Branco-azulada	10.000-30.000	0,1
A	Branca	7.500-10.000	0,5
F	Branco-amarelada	6.000-7.500	3
G	Amarelada	5.200-6.000	7,5
K	Alaranjada	3.700-5.200	12
M	Avermelhada	2.400-3.700	76,5

Como o Sol é uma estrela da classe G, a maioria das estrelas do universo é mais fria do que a nossa. A estrela mais brilhante da classe O no céu noturno é a Zeta Orionis (conhecida também como Alnitak), do Cinturão de Órion. Estrelas da classe M são muito pouco brilhantes para serem vistas por nós.

Os percentuais apresentados no quadro da página anterior referem-se a estrelas que se encontram na fase principal da sua evolução — astrônomos diriam que são estrelas da *sequência principal*, já que se enquadram na faixa diagonal do diagrama de Hertzsprung-Russell.

O Diagrama de Hertzsprung-Russell

O Diagrama de H-R (abaixo) é o gráfico mais emblemático da astronomia. Ele demonstra correlações entre a magnitude absoluta de estrelas e suas cores (ou tipo espectral). Foi criado no início do século 20 pelo astrônomo dinamarquês Ejnar Hertzsprung e o astrônomo americano Henry Norris Russell para visualizar a evolução das estrelas.

Estrelas pequenas e menos quentes (classes K e M) aparecem no canto inferior direito do gráfico. Já estrelas maiores e mais quentes (classes O e B) ficam na parte superior esquerda. A faixa entre esses dois extremos é conhecida como sequência principal. Estrelas nessa faixa estão numa fase existencial em que transformam hidrogênio em hélio por fusão termonuclear, tal como o Sol faz (pág. 53).

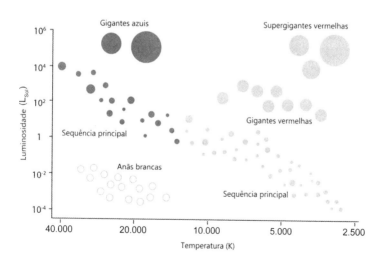

O Diagrama de Hertzsprung-Russell demonstra a correlação entre a temperatura de uma estrela e sua luminosidade. As estrelas passam a maior parte da sua existência na "sequência principal".

Contudo, o hidrogênio presente no núcleo da estrela se esgota à medida que ela envelhece. Mais adiante, veremos com mais detalhes o que acontece, mas a estrela incha. Quando isso ocorre, ela espalha o próprio calor por uma área muito maior da própria superfície e, desse modo, adquire uma cor avermelhada. Astrônomos dizem que a estrela que assim procede "evoluiu a partir da sequência principal", e observe que essas gigantes vermelhas e supergigantes vermelhas se acham acima da faixa principal.

QUAL O TAMANHO DELAS?

Existem estrelas de diferentes tamanhos e massas, e astrônomos descobriram a existência de uma estreita relação entre a massa de uma estrela e sua luminosidade. Isso é chamado de *relação massa-luminosidade* (ver gráfico abaixo). Quanto maior a massa de uma estrela, maior é sua luminosidade intrínseca (magnitude absoluta).

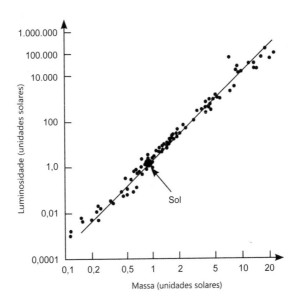

Astrônomos perceberam a existência de uma estreita correlação entre a massa de uma estrela e seu brilho (luminosidade). Isso permite que avaliem as características de novas estrelas com base em seu brilho.

Para saber a massa de uma estrela recém-descoberta, os astrônomos medem a magnitude aparente e baseiam-se na distância para calcular sua luminosidade intrínseca (magnitude absoluta). O gráfico da relação massa-luminosidade nos fornece então a sua massa (ver tabela abaixo). Estrelas de grande massa se acham na parte superior esquerda da sequência principal do Diagrama de H-R, enquanto estrelas de pouca massa estão na parte inferior direita. A R136a1, uma estrela da Grande Nuvem de Magalhães, é o astro com maior massa e luminosidade que se conhece. Ela é 315 vezes mais pesada do que o Sol.

Classe espectral	Massa (em múltiplos da massa solar)
O	> 16
B	2,1–16
A	1,4–2,1
F	1,04–1,4
G	0,8–1,04
K	0,45–0,8
M	0,08–0,45

Os astrônomos podem calcular também o tamanho de estrelas usando a lei de Stefan — assim designada em homenagem ao físico e matemático austro-esloveno Josef Stefan (1835-93). Ele descobriu que a quantidade de energia que um corpo celeste irradia por segundo depende de seu tamanho e de sua temperatura. No que se refere a estrelas, sabemos quanta energia elas irradiam por segundo — isso é sua luminosidade. Sabemos também qual é a sua temperatura pela cor que apresenta. Assim, podemos usar a lei de Stefan para calcular o tamanho da estrela.

A maior estrela conhecida é a UY Scuti. Descoberta na pequena Constelação do Escudo (Scutum), estima-se que tenha um diâmetro equivalente a 1.708 sóis. Isto significa que cerca de 5 bilhões de sóis caberiam dentro dela. Se ela substituísse nossa estrela em nosso sistema solar, sua superfície ficaria entre as órbitas de Júpiter e Saturno.

Qual a Idade Delas?

Nos primórdios do universo, antes da formação de estrelas, os únicos elementos que existiam no infinito eram o hidrogênio e o hélio. Depois, acenderam-se as primeiras estrelas na imensa escuridão e elas começaram a transformar, por fusão termonuclear, parte do hidrogênio em hélio, tal como o Sol faz agora (pág. 53). Quando essas estrelas envelheceram e, evoluindo, saíram da sua fase existencial na sequência principal, começaram a transformar hélio em elementos químicos ainda mais pesados, tais como carbono, nitrogênio, oxigênio, silício e ferro (págs. 128-9). Essas estrelas gigantescas explodiram no fim de sua vida e tornaram-se fulgentes supernovas, atirando esses elementos mais pesados universo afora. Alguns desses elementos acabaram sendo incorporados por novas estrelas.

Portanto, os astrônomos podem determinar a idade das estrelas analisando sua composição química. As mais antigas são feitas apenas de hidrogênio e hélio,

---

AGLOMERADOS ABERTOS E AGLOMERADOS GLOBULARES

Em noite de céu limpo e longe das luzes da cidade, você verá, deslumbrado, pelo menos 3.000 estrelas cintilando na cúpula celeste. Notará que a maioria delas parece existir em situação de isolamento, mas também que algumas se mantêm agrupadas. Vasculhe o céu com um par de binóculos, e você verá ainda mais desses aglomerados estelares, principalmente ao longo da espiral da Via Láctea.

Os astrônomos os dividem em aglomerados *abertos* e aglomerados *globulares*. Aglomerados abertos são bastante rarefeitos, ao passo que aglomerados globulares se parecem mais com um denso agregado esferoidal de astros luminosos. Todavia, a maior diferença está na idade de seus membros. Aglomerados abertos costumam conter estrelas muito jovens, enquanto as estrelas presentes em aglomerados globulares são antigas.

Consideremos o exemplo do mais famoso aglomerado aberto: as Plêiades, na Constelação de Touro (também conhecida como as Sete Irmãs). Suas estrelas têm apenas 100 milhões de anos. Compare isso com as estrelas do M13 (o Grande Aglomerado Globular da Constelação de Hércules), as quais têm 11 bilhões de anos.

> Se substituíssemos a idade do universo pelos anos da expectativa de vida do ser humano, as estrelas do M13 estariam se aproximando da aposentadoria, enquanto as Plêiades ainda estariam usando fraldas.

formadas numa época em que eram a única coisa que existia. Já as mais jovens das estrelas se formaram num tempo em que havia uma variedade muito maior de ingredientes cósmicos à disposição — por isso, são mais diversificadas quimicamente. Os astrônomos têm uma unidade de medida para mensurar essa diversidade chamada metalicidade. Ao contrário dos químicos, os astrônomos consideram metais todos os elementos químicos, com exceção do hidrogênio e do hélio. Uma estrela com baixa metalicidade é um astro antigo e primevo. Quanto mais alta a metalicidade, mais jovem é a estrela. A metalicidade do Sol é de 0,02: 2% da massa solar são formados por outros elementos que não hidrogênio e hélio.

Logicamente, essa técnica conta com um conhecimento prévio da matéria de que a estrela é formada. Para conhecer sua constituição, os astrônomos usam espectroscopia. Quando fazemos com que a luz de uma estrela passe por um instrumento chamado espectrômetro (que é um pouco parecido com um prisma), acabamos conseguindo a visualização de linhas negras semelhantes às observadas por Fraunhofer no espectro solar (pág. 52).

Essas linhas são raias de absorção cromática (ausência de cores) geradas por diferentes elementos químicos presentes na estrela que absorvem determinada cor do espectro. Portanto, essa cor nunca conseguiu deixar a estrela e seguir viagem para a Terra. Tal espectro se parece um pouco com um colorido código de barras e cumpre exatamente a mesma função — transporta informações sobre o que existe dentro da estrela e, por conseguinte, da idade dela.

O Ciclo Vital das Estrelas

O nascimento de uma estrela

Assim como nós, as estrelas nascem, envelhecem e morrem. Formam-se a partir de belas e gigantescas colunas de gás chamadas nebulosas moleculares, formações cósmicas de insignificante densidade. Tanto que, se fosse possível pôr, numa nebulosa molecular, um pequeno cubo de apenas 1cm e enchê-lo de moléculas de gás nela presentes, caberiam apenas cerca de 100 em seu interior. Já na Terra, nesse mesmo cubo, conteriam 100 quatrilhões de moléculas do nosso ar atmosférico. Agora, no coração de uma estrela, esse mesmo espaço cúbico pode conter 100 septilhões de partículas moleculares.

Portanto, como é possível que algo constituído de componentes tão esparsamente coligados, como uma nebulosa molecular, pode tornar-se algo extremamente compacto, a ponto de transformar hidrogênio em hélio por fusão termonuclear (a marca registrada de uma estrela, por assim dizer)? Só podemos atribuir a causa do fenômeno à força da gravidade. O astrônomo inglês James Jeans (1877-1946) descobriu com seus cálculos o máximo de massa que uma nebulosa molecular pode ter antes que a gravidade assuma o controle no processo de formação estelar e inicie sua contração. Os astrônomos chamam isso de *massa de Jeans*. Mas a coisa depende também da temperatura e da densidade da nebulosa.

A contração pode ser provocada por fenômenos externos. Pode dar-se o fato de duas nebulosas moleculares se mesclarem e o resultante da combinação de suas massas saltar para um total de massa bem maior do que a massa de Jeans. Ou pode acontecer também de uma estrela próxima explodir, fazendo uma forte onda de choque atravessar a nebulosa e, assim, provocar uma maior aproximação ordenada dos componentes do gás, até que a força da gravidade faça o resto no processo de formação do astro.

À medida que uma nebulosa molecular se contrai, ela se divide em partes menores. Essas partes em processo de contração — denominadas protoestrelas — começam a girar cada vez mais rápido, de forma muito parecida com um patinador contraindo os braços enquanto rodopia no gelo. Sua temperatura e pressão continuam a aumentar, até que o hidrogênio se transforma em hélio por fusão nuclear dentro da esfera rodopiante: nasceu uma estrela. É um processo que leva dezenas de milhões de anos.

Astrônomos conseguem observar estrelas se formando em regiões como a da Nebulosa de Órion — uma brilhante fábrica de estrelas visível a olho nu, na forma de mancha cósmica difusa abaixo das três estrelas do Cinturão de Órion (Constelação das Três Marias). É o viveiro de estrelas mais próximo da Terra. Discos achatados e escuros foram observados também nas cercanias de algumas dessas estrelas nascentes. São chamados de discos protoplanetários, e acredita-se que a força da gravidade os transforma em planetesimais e depois em planetas.

Gigantes Vermelhas

As estrelas consomem mais e mais hidrogênio à medida que envelhecem, até que o ritmo de fusão termonuclear dos próprios elementos começa a diminuir. Isto significa que não está havendo mais produção suficiente de energia para preservar a integridade do núcleo contra a ação compressora da força da gravidade. Com isso, o núcleo se contrai, a temperatura aumenta e intensifica-se o ritmo de fusão dos elementos. Nesse *aumento de luminosidade na sequência principal*, o Sol ficou cerca de 30% mais brilhante desde a época de sua formação, há 4,6 bilhões de anos. E ficará cada vez mais brilhante e quente, até que, daqui a um bilhão de anos, faça a temperatura na Terra ultrapassar em muito os 100°C. Nosso planeta se tornará um orbe rochoso e estéril, e as águas de seus oceanos evaporarão. No fim de tudo, o Sol — o gerador de vida — será também o seu exterminador.

Dentro de 5 bilhões de anos, cessará completamente a fusão de hidrogênio no núcleo solar e o astro se retrairá, fenômeno que fará a temperatura saltar de 15 milhões de graus para algo próximo a 100 milhões de graus. Então, a fusão de hidrogênio recomeçará dentro de um envoltório compacto em torno de um núcleo superquente. O reinício da fusão termonuclear marcará a fase em que o Sol começará a sair da sequência principal do Diagrama de Hertzsprung-Russell — o gráfico com que especialistas traçam e acompanham a evolução das estrelas (pág. 121).

A energia liberada por essa fusão renovada provocará o intumescimento dos envoltórios externos do Sol, até que ele fique com um diâmetro 100 vezes maior do que o atual. Mercúrio sucumbirá sob o peso do seu abraço infernal. Poderá acontecer o mesmo com Vênus também. Com seu calor espalhado por uma superfície muito maior, nosso Sol ficará vermelho. Terá se tornado então uma *gigante vermelha*. Com uma luminosidade 2 mil vezes maior do que a atual, não terá a menor dificuldade para derreter metais na superfície da Terra. Poderá acontecer até de nosso planeta ser arrastado para os envoltórios externos do Sol.

Nebulosas Planetárias e Anãs Brancas

Nos núcleos de estrelas vermelhas gigantes, as temperaturas altíssimas transformam hélio em carbono e oxigênio por fusão termonuclear. No caso de estrelas pequenas — que têm massa oito vezes menor do que a do Sol —, a temperatura e a pressão não são suficientes para produzir carbono. Quando o hélio se esgota, essas estrelas ficam com um denso núcleo constituído de carbono e oxigênio, quase do mesmo tamanho da Terra. Astrônomos denominam esse corpo celeste *anã branca*. Sem nenhuma fonte de calor, ela acaba esfriando e escurecendo, até se tornar uma anã negra.

A essa altura, os gasosos envoltórios externos da gigante vermelha foram lançados espaço afora por fortes ventos estelares. Mas isso não é uma explosão — o fenômeno não é tão violento assim. O gás expelido forma concentrações esferoidais ou anulares no espaço cósmico ao redor da nuclear anã branca. Os astrônomos chamam esses corpos de *nebulosas planetárias*. No entanto, elas não têm nada a ver com planetas. É que, quando astrônomos as observaram pela primeira vez com telescópios primitivos, esses invólucros de gás faziam com que sua forma desse a impressão de que eram planetas. Desde então, nossa compreensão de sua verdadeira natureza mudou, mas a improcedente denominação continuou a ser usada.

Visualmente falando, nebulosas planetárias são alguns dos mais fascinantes corpos celestes que podemos ver no céu noturno. Entre exemplos famosos estão a irisada Nebulosa do Anel, da Constelação de Lira, e a Nebulosa Olho de Gato, da Constelação do Dragão. Dê uma olhada nas fotografias dessas magníficas nuvens de gás e você conseguirá localizar a anã branca meio escondida no centro.

Supergigantes Vermelhas

Estrelas com massa maior do que algo entre 8 e 10 sóis evoluem de modo diferente. No início, o processo evolutivo é semelhante ao das outras, mas depois se diferencia radicalmente. Na fase inicial do processo, inflam tanto que ficam maiores até do que as gigantes vermelhas. O inchamento dessas *supergigantes vermelhas* pode fazer com que cheguem a ter um diâmetro mil vezes maior do que o do Sol. Elas são também muito mais brilhantes do que as vermelhas gigantes. Algumas das estrelas mais brilhantes em nosso céu noturno, incluindo Betelgeuse, da Constelação de Órion, e Antares, da

Constelação de Escorpião, estão nessa fase de sua existência. Se fosse possível pôr Antares no lugar do Sol, seu envoltório externo alcançaria uma região situada além da órbita de Marte. Já outras supergigantes alcançariam Júpiter e até Saturno.

É no núcleo que as coisas são bem diferentes. O supergigantismo dessas estrelas faz a temperatura no núcleo chegar a um ponto em que ocorre a fusão termonuclear de carbono, criando magnésio e oxigênio. Quando o carbono do núcleo se esgota, ele se contrai ainda mais, a temperatura aumenta de novo e o oxigênio é transformado em silício e neônio. E o ciclo prossegue — toda vez que um elemento presente no núcleo se esgota, o cerne estelar se retrai e a temperatura aumenta, permitindo assim que ocorra a criação de um novo elemento por fusão termonuclear. Só que o processo se acelera, cada estágio tendo uma duração mais curta do que a anterior. Estrelas gigantescas podem passar até 10 milhões de anos queimando hidrogênio e produzindo hélio, mas a fase final da transformação de silício em ferro por fusão termonuclear dura apenas um dia.

Todavia, uma hora esse processo terá que parar. Afinal, o ferro é o elemento mais estável da tabela periódica e não pode ser fundido. O núcleo acaba assemelhando-se a uma cebola estelar, com uma massa de ferro no centro cercada por camadas concêntricas de outros elementos químicos não consumidos pela atividade estelar. Agora, sem nada para preservar estruturalmente a estrela contra a força implosiva da sua própria gravidade, seu destino está selado.

Supernovas

No ano 1054, astrônomos chineses escreveram a respeito da chegada inesperada daquilo que chamaram "estrela convidada". Surgindo meio do nada, era tão brilhante que pôde ser vista à luz do dia durante quase um mês. Aos poucos, porém, nem no céu noturno pôde ser vista mais, tendo desaparecido totalmente quase dois anos depois.

Agora sabemos que eles presenciaram um fenômeno de explosão de supernova — um dos acontecimentos mais violentos e abrasadores do universo. Astrônomos modernos identificaram os resquícios desse cataclismo cósmico na Nebulosa do Caranguejo em si, localizada na Constelação de Touro. Quase mil anos depois, gases lançados pela explosão continuam viajando a 1.500km/s espaço afora. Estágio final da evolução de uma estrela gigante, a supernova pode apresentar um brilho equivalente a 10 bilhões de sóis e liberar mais energia do que o fizera durante toda a sua existência.

A famosa Nebulosa do Caranguejo (M1), da Constelação de Touro, é o resquício de uma explosão de supernova que detonou em 1054.

Esse estágio começa com o denso núcleo de ferro que se forma no coração de uma estrela vermelha supergigante. Incapaz de resistir à força compressora da gravidade, o núcleo implode sobre si mesmo em menos de um segundo, ou num átimo correspondente a quase um quarto da velocidade da luz. Isso provoca a emissão de uma onda de choque para o exterior com quase a mesma velocidade, onda que atravessa dilacerante os envoltórios externos da estrela e os desmantela.

A força da explosão faz átomos se chocarem violentamente com átomos vizinhos, compondo assim elementos mais pesados do que o ferro. A supernova lança ambos os elementos forjados por fusão termonuclear, bem como os destroços da explosão em si, nas vastidões do espaço interestelar. Isso enriquece o conteúdo de nebulosas moleculares com uma variedade enorme de elementos químicos, que depois se tornam parte de quaisquer estrelas ou planetas formados lá.

A propósito, você está usando algum tipo de joia agora? O ouro, a prata e a platina foram todos produzidos numa supernova (e em colisões de estrelas de nêutrons). O ferro no seu sangue e o oxigênio que ele ajuda a transportar pelo corpo foram fabricados no interior de estrelas gigantescas por fusão termonuclear e depois lançados impetuosamente pelo universo por uma supernova. Elas são os supremos recicladores cósmicos de matéria e, sem elas, não estaríamos aqui.

Estrelas de Nêutrons e Pulsares

Nas entranhas da Nebulosa do Caranguejo, jazem os expelidos resquícios daquela que outrora foi uma estrela imensa. Depois que seu denso núcleo de ferro implodiu sob a compressão do próprio peso, ela praticamente desapareceu, em termos comparativos. O ferro foi decomposto sob a força de uma pressão imensa e acabou sendo totalmente transformado em nêutrons — as partículas neutras presentes no núcleo dos átomos. Estrelas com massa entre 8 e 30 vezes maior do que a do Sol acabam dessa forma, cercadas por um remanescente de supernova.

Contudo, existe um limite na possibilidade de compactação conjunta dos nêutrons. Isso levou à estabilização da compressão dos elementos da estrela, quando o núcleo havia sido encolhido para uma massa superdensa de matéria, com apenas 30km de diâmetro. Assim, tudo que acaba restando de uma estupenda estrela vermelha supergigante, antes com um volume 100.000 vezes superior ao da Terra, é uma esferinha menor do que Londres. Quantidades gigantescas de massa são comprimidas a tal ponto que, na Terra, uma única colher de chá com matéria de uma estrela de nêutrons pesaria 10 milhões de toneladas.

Em nosso exemplo, quando a estrela se condensou, sua velocidade de rotação também aumentou. É possível que, antes, ela completasse um giro em torno do próprio eixo no intervalo de algumas semanas. Agora, faz 30 desses giros por segundo. Seu campo magnético fica mais denso, tornando-se um trilhão de vezes mais forte do que o da Terra. Isso faz com que o material superaquecido da estrela de nêutrons lance sem parar potentes feixes de ondas de seus polos espaço afora.

Essa característica torna as estrelas de nêutrons uma espécie de equivalente cósmico do farol (de auxílio à navegação marítima). Quando acontece de nossos sensores estarem voltados para a direção dos girantes fachos, captamos frequentes rajadas de ondas de rádio emitidas com grande regularidade. Por isso, chamamos esses corpos celestes de pulsares — forma contrata de "estrela pulsátil".

Os sinais dos pulsares são de uma regularidade tão alta que, quando o primeiro foi descoberto, em 1967, por Anthony Hewish e Jocelyn Bell, eles o apelidaram de LGM-1 (Homenzinhos Verdes 1). É que se acreditava que nada que fosse natural seria capaz de superar um ritmo com tamanha constância. Hoje, sabemos que eles são os mais precisos relógios naturais que existem. Tanto é assim que astrônomos chegaram a cogitar a ideia de usá-los como ponto de partida para a criação de uma espécie de internet e GPS galácticos. Nós os usamos várias vezes também para mostrar nossa localização na galáxia a possíveis civilizações extraterrestres avançadas.

EXPLOSÕES DE RAIOS GAMA

Se você ficou impressionado com a força explosiva de uma supernova, saiba que nem se compara com a potência das explosões de raios gama (ERG, ou GRB, na sigla em inglês). Essas explosões podem emitir mais energia em meros 40 segundos — na forma de uma espécie de salvas de artilharia cósmica —, do que o Sol terá emitido em toda a sua existência de 10 bilhões de anos. Também podem ser vistas num perímetro de bilhões de anos-luz universo afora como brilhantes pontos de luz. Foram observadas pela primeira vez em 1967 por satélites dos tempos da Guerra Fria, projetados para captar sinais de testes secretos de armas nucleares.

Existem dois tipos de ERGs: de curta duração (inferior a dois segundos) e de longa duração. De forma geral, ainda são um mistério para nós, mas acredita-se que ERGs de longa duração sejam o resultado da explosão de estrelas gigantescas em sua fase de supernovas. Já as de curta duração — que constituem cerca de 30% de todas as ERGs — provavelmente resultem da colisão de duas estrelas de nêutrons.

Felizmente, as ERGs observadas até agora aconteceram em regiões distantes do universo. Todavia, os revérberos de uma ERG atravessando nosso sistema solar poderiam ser catastróficos. Se a Terra fosse alvo de suas rajadas — algo que é extremamente improvável —, sua camada de ozônio seria aniquilada, o que provocaria uma extinção em massa (a diminuição rápida e generalizada da biodiversidade em nosso planeta).

Buracos Negros

A gravidade é uma força muito fraca. Afinal, apesar dos 6 septilhões de quilos de planeta que temos sob os nossos pés, podemos dar pulos no ar ou fazer aviões decolar. Mas essa liberdade em relação à gravidade é apenas temporária — geralmente, tudo que sobe... desce. Digo, a menos que alguém consiga lançar algo para o alto com uma força e uma velocidade tremendas. Se essa pessoa conseguisse pular a 11km/s, seria capaz de escapar do campo de atração gravitacional da Terra antes que ele conseguisse fazê-la pisar de volta no chão. É essa *velocidade de escape* que cientistas especializados em foguetes têm de obter se quiserem pôr suas cargas em órbita.

Quanto maior e mais maciço for um corpo celeste, maior será sua velocidade de escape. Júpiter, o Sol, estrelas anãs e estrelas de nêutrons têm, respectivamente, velocidades de escape cada vez maiores. Contudo, os núcleos das maiores estrelas em processo de implosão gravitacional criam um corpo tão denso que sua velocidade de escape excede a velocidade da luz. Como nada pode viajar pelo espaço numa velocidade superior à da luz (págs. 48-9), nada consegue escapar desses buracos negros. E é daí que vem o nome: são negros porque toda a luz absorvida por eles não consegue escapar.

Portanto, se alguém conseguisse arriscar-se a aproximar-se muito de um desses buracos negros, ficaria preso para sempre em seu campo gravitacional. Nem os mais potentes foguetes produzidos pelo homem conseguiriam livrar a pessoa de suas presas gravíticas. A região limítrofe (ponto sem retorno) do espaço onde não se pode escapar mais de sua força de atração é conhecida como horizonte de eventos. A pessoa não notaria nada de especial ao atravessá-lo, mas, assim que o fizesse, seu destino estaria selado. Digamos que ela entrasse primeiro com os pés. O buraco exerceria uma força de atração maior neles do que em sua cabeça. Com o tempo, essa atração excederia a força das ligações atômicas que mantêm a integridade do organismo. Essa pessoa seria dilacerada. Os físicos chamam esse processo de *espaguetificação*.

E onde vão parar seus fragmentos "espaguetificados"? Esta é uma das questões mais difíceis da física moderna. Numa interpretação ao pé da letra da Teoria da Relatividade Geral de Einstein, diríamos que a estrela implode e, comprimindo-se, transforma-se num ponto infinitamente pequeno e infinitamente pesado chamado *singularidade*. O tempo e o espaço param ali, literalmente. Especialistas dizem que a matéria cósmica absorvida pelo buraco é acrescentada à singularidade.

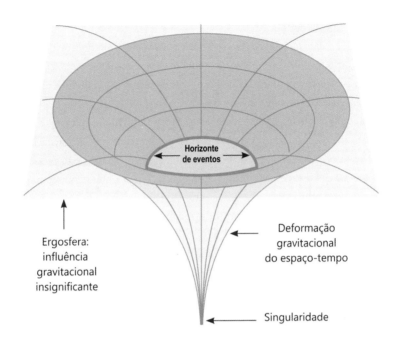

Quando estrelas gigantes morrem, elas dobram o tecido do espaço-tempo de forma tão extremada que formam buracos negros — corpos celestes dos quais nada consegue escapar.

Contudo, é improvável que esta seja a explicação cabal ou definitiva, já que deixa de fora a aplicação dos princípios da física quântica que regulam o comportamento do universo em escalas infinitesimais (pág. 139).

Ondas Gravitacionais

O dia 14 de setembro de 2015 tornou-se um marco na história da ciência. Afinal, foi quando abrimos uma janela para uma visão sem precedentes dos confins do universo. De fato, essa história começa numa galáxia muito, muito distante.

Cerca de 1,3 bilhão de anos atrás, dois buracos negros — cada um com o equivalente a 30 vezes a massa do Sol — colidiram depois de um vertiginoso rodopio mortal para dentro. A colisão foi tão cataclísmica que gigantescas ondas gravitacionais se propagaram pelo espaço através do tecido do espaço--tempo em si. Em setembro de 2015, avançando na velocidade da luz, essas ondas acabaram chegando à Terra. Felizmente, havíamos acabado de pôr em operação uma aparelhagem capaz de detectá-las. Depois dessa vez, ocorreram novas detecções de ondas gravitacionais geradas por outras fusões de buracos negros: em dezembro de 2015, janeiro de 2017 e agosto de 2017. Nesta última data também foi observada a propagação de ondas geradas pela fusão de duas estrelas de nêutrons. Em breve, esse tênue fluxo se transformará num dilúvio de ondas cósmicas.

Fazia um século que a descoberta inicial do fenômeno vinha amadurecendo. Em 1915, Albert Einstein previu a existência de ondas gravitacionais como parte de sua Teoria da Relatividade Geral. Levamos esse tempo todo para descobri-las porque elas se apresentam como entes minúsculos quando enfim chegam à Terra. É que vão se extinguindo aos poucos, tal como acontece com as ondulações concêntricas produzidas por uma pedra atirada numa lagoa. Afinal, uma viagem de 1,3 bilhão de anos pelo universo é muito longa.

Foram captadas pelo Observatório de Ondas Gravitacionais por Interferometria a Laser (LIGO, na sigla em inglês), com um sistema formado por dois aparelhos, um em Washington e outro na Louisiana. Cada aparelho consiste de dois tubos vazios idênticos com 4km de extensão e posicionados em ângulos retos entre si. Feixes de laser são disparados através dos tubos para atingir espelhos fixados nas extremidades. Geralmente, os raios laser voltam para os pontos de onde partiram exatamente no mesmo instante.

Todavia, se uma onda gravitacional atravessa os canos durante a passagem do laser, o espaço interno num dos tubos sofre uma pequena dilatação e depois se contrai (afinal, ondas gravitacionais são fatores de distúrbio no próprio tecido do espaço-tempo). Isto faz um dos feixes de laser chegar ao destino antes do outro.

O sistema LIGO é tão sensível que consegue detectar alterações a uma distância dos espelhos equivalente a 1/10.000 do diâmetro de um próton (as partículas eletricamente carregadas presentes no núcleo atômico). Isso corresponde a um quatrilionésimo de metro. Em outras palavras, é a mesma coisa que vermos os 40 trilhões de quilômetros de distância que nos separam de Proxima Centauri (a estrela mais próxima de nós depois do Sol) mudar para um valor equivalente ao do diâmetro de um fio de cabelo.

Em outubro de 2017, Rainer Weiss, Barry C. Barish e Kip S. Thorne, os três físicos responsáveis pela descoberta receberam o Prêmio Nobel. Essas detecções são totalmente revolucionárias porque existem alguns fenômenos no universo cujos corpos emitem apenas ondas gravitacionais. Agora, graças ao sistema LIGO, podemos finalmente observá-las.

Dilatação do Tempo

Sabemos, desde o eclipse de Eddington de 1919, que corpos celestes gigantescos provocam a curvatura e a torção do tecido do espaço em torno de si, conforme previsto pela Teoria da Relatividade Geral de Einstein (pág. 49). As ondas gravitacionais respaldam ainda mais tal ideia.

Mas não é apenas o espaço que sofre essas ações — o tempo é também alvo do fenômeno. Talvez você saiba ou se lembre de que Einstein disse que o espaço e o tempo se conjugam num tecido quadridimensional denominado espaço-tempo. Isto significa que o tempo transcorre em ritmos diferentes, dependendo do grau de curvatura e da torção da região do universo em que nos encontramos. Basta a pessoa aproximar-se de um corpo pesado que seu tempo fluirá mais lentamente em comparação com outra mais distante dele.

Mesmo na Terra, essa *dilatação do tempo* é importante. Relógios atômicos de alta precisão mantidos em diferentes prateleiras num laboratório perdem o sincronismo se um deles estiver mais perto do solo. Nós acertamos também os relógios a bordo de satélites de GPS porque o tempo passa mais rapidamente em regiões mais distantes da superfície da Terra, nas quais o espaço-tempo sofre menos curvatura e torção.

No entanto, perto de um buraco negro, esse efeito seria muito mais óbvio. Vemos isso exemplificado no filme *Interestelar*, em que cada hora passada pelos astronautas orbitando um buraco negro correspondia a sete anos entre os habitantes da Terra.

Se fosse possível observar pessoas se aproximando de um buraco negro, veríamos as coisas acontecerem entre elas numa espécie de câmera lenta, com uma vagarosidade cada vez maior. Com o tempo, elas dariam a impressão de que congelaram, quando estivessem prestes a atravessar o horizonte dos fenômenos gravíticos do buraco. Do ponto de vista do observador, para eles o tempo foi passando cada vez mais lentamente até parar por completo. Já na visão delas, foi com o observador que isso aconteceu.

Dilatação do tempo é isso, mas existe outro tipo, relacionado com velocidade relativa. Você não ficaria surpreso se eu dissesse que o Usain Bolt venceria você numa corrida de 100m rasos. Ele atravessa o espaço mais rápido do que você porque se desloca com mais velocidade. No entanto, talvez você achasse estranho se eu dissesse que ele atravessa o tempo mais rápido do que você. Ele faz isso, com certeza, pois, na verdade, vocês dois correm através do espaço-*tempo*. Neste exemplo, a diferença é tão pequena que você jamais notaria. Porém, uma diferença de velocidade muito maior cria um efeito mais fácil de perceber.

O cosmonauta Gennady Padalka é o recordista de número de dias passados por alguém na órbita da Terra — um total de 879 dias a bordo da *Mir* e da Estação Espacial Internacional entre 1998 e 2015. Padalka ficou viajando ao redor do planeta a uma velocidade de 28.000km/h. Levando em conta ambas as formas de dilatação do tempo, ele está 0,02s mais jovem do que teria estado se houvesse ficado na superfície terrestre. Isso faz dele o maior viajante do tempo da história da humanidade, tendo avançado meio centésimo de segundo no futuro da própria vida.

Buracos Brancos e Buracos de Minhoca

Se, por um lado, o buraco negro é algo de que nada consegue escapar, por outro, o buraco branco é uma região do espaço à qual nada é capaz de voltar. Nos buracos negros só se entra; já dos buracos brancos, só é possível sair. Por enquanto, eles são apenas entes absolutamente hipotéticos, uma possibilidade matemática que existe somente nas equações da Teoria da Relatividade Geral de Einstein.

Eles surgem nas cogitações dos físicos quando pensam no que acontece à matéria que se aproxima do ponto de singularidade dentro de um rodopiante buraco negro. O físico neozelandês Roy Kerr demonstrou, na década de 1960, que a singularidade no interior de um rodopiante buraco negro não é um simples ponto apenas, mas um anel. Normalmente, todo corpo que chega à singularidade é apagado do espaço e do tempo, mas, com o anel de Kerr, talvez esse corpo consiga passar pelo meio do buraco negro sem sofrer um único arranhão.

E onde esse corpo vai parar? Em suas soluções das equações de Einstein, Kerr propõe que esse corpo passe por um túnel conhecido como Ponte de Einstein-Rosen, antes de ser expelido do buraco branco pelo outro lado. Alguns dizem que esse corpo surge em outra parte do universo, ao passo que outros argumentam que ele vai parar em outro universo. De qualquer forma, como de buracos brancos só se pode sair, esse corpo não poderia voltar para lá.

Geralmente, as pessoas usam uma expressão mais popular para se referir à Ponte de Einstein-Rosen: *buraco de minhoca*. O nome vem das opções de que o bicho da maçã dispõe quando fica escolhendo a melhor parte para entrar na fruta. Ele pode devorá-la dando voltas por fora ou abrir um atalho através da polpa para chegar ao cerne. A ideia dessas pontes cósmicas tem sido muito utilizada em obras de ficção científica, como espécie de atalhos entre o espaço e o tempo. Aliás, as características físicas dessas pontes parecem indicar que talvez seja possível usá-las para fazer viagens ao passado. Mas, se elas existem mesmo — e ponha "se" nisso —, é provável que sejam bastante instáveis e se fechem com extrema velocidade.

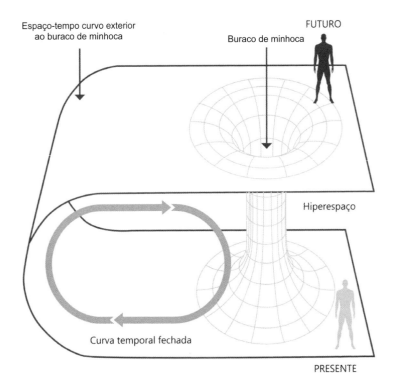

Talvez o espaço-tempo se encurve de tal forma que acaba criando esses atalhos. Se isso acontece mesmo, talvez seja possível utilizá-los futuramente em viagens através do tempo.

Então, pelo menos por enquanto, tanto os buracos brancos quanto as pontes cósmicas são apenas curiosidades matemáticas, embora possam deixar de sê-lo se descobrirmos a Teoria de Tudo (ver abaixo).

Radiação Hawking

O professor de física teórica e cosmólogo Stephen Hawking passou a vida profissional inteira refletindo acerca da estranha natureza dos buracos negros. Uma de suas mais importantes contribuições à ciência é a ideia de que buracos negros se desintegram aos poucos por conta de um efeito conhecido como radiação Hawking.

Os físicos sabem que espaços aparentemente vazios nunca estão vazios de verdade. O universo vive transformando energia em componentes de partículas, mas sua existência é apenas temporária. Assim como a carruagem da Cinderela, elas têm de voltar rapidamente para o lugar de onde vieram, pois, do contrário, importantes leis da física seriam violadas.

A sacada genial de Hawking foi imaginar esse processo acontecendo no horizonte de eventos (pág. 133). Ele raciocinou que, se uma das partículas do par acaba parando no interior de um buraco negro, mas a outra fica do lado de fora, elas nunca podem voltar a ser a partícula equivalente da abóbora tornada a seu estado original.

Concluiu, portanto, que o buraco negro deve perder energia aos poucos, à medida que partículas escapam de sua voragem gravítica. São essas partículas os entes cósmicos que constituem a radiação Hawking. Mas dizer "aos poucos" é dar uma ideia bem aquém da realidade do fenômeno. Afinal, um buraco negro com massa equivalente à do Sol levaria cerca de 20 unvigintilhões de anos para desintegrar-se completamente. Em números, essa eternidade é o algarismo 2 seguido de 67 zeros!

Em todo caso, isso significa que buracos negros não são totalmente negros — eles brilham um pouco com a radiação Hawking.

A Teoria de Tudo

O trabalho do físico sobre a desintegração de buracos negros via radiação Hawking se baseia nas duas mais importantes teorias da física: a da mecânica quântica — estudo dos sistemas físicos cujas dimensões são próximas ou abaixo da escala atômica — e a da relatividade geral de Einstein.

Buracos negros constituem um ambiente cósmico singular, em que os princípios desses dois sistemas teóricos são importantes. Normalmente, não há necessidade de se preocupar com questões de física quântica quando estamos estudando força gravitacional e órbitas de planetas. Assim, não nos preocupamos com questões de gravitação quando explicamos a natureza dos átomos. Já com um buraco negro é diferente. Quando uma estrela sofre implosão gravitacional, uma quantidade gigantesca de sua matéria é comprimida num espaço muito pequeno da região espacial ocupada por ela. E aí, de repente, a gravidade passa a ser um fator importante na escala atômica.

A Teoria da Relatividade Geral explica que a gravitação universal é o resultado da curvatura do espaço-tempo, e se o estudioso se orientar à risca por seus princípios, verificará que os buracos negros provocam a deformação do espaço-tempo e o transformam em algo denominado singularidade — um ponto de matéria compacta infinitamente pequeno e infinitamente pesado, em que as noções de espaço-tempo deixam de existir.

Mas o que, de fato, significa algo ser infinitamente pequeno ou pesado? As regras da física quântica têm, com certeza, alguma coisa a dizer sobre uma região menor que um átomo?

Os físicos conhecem bem esses problemas e vêm tentando unificar a física quântica e a relatividade geral numa única teoria: um sistema teórico de validade universal para explicar tudo o que existe no universo, desde a mais diminuta partícula subatômica até os maiores superaglomerados de galáxias. Eles chamam isso de Teoria de Tudo (TOE, na sigla em inglês).

No entanto, essa busca pela unificação teórica os deixou frustrados em todas as suas tentativas. É que as duas teorias simplesmente não se entrosam muito bem. Na verdade, são totalmente incompatíveis, com a aplicação dos princípios de uma no âmbito dos fenômenos da outra, criando diferenças inconciliáveis. Isso levou os físicos a explorar possibilidades da existência de realidades radicalmente diferentes das que conhecemos, incluindo a de que talvez haja mais do que as três dimensões espaciais e a dimensão temporal com que estamos acostumados.

A Teoria das (Super)Cordas e a Gravitação Quântica de Laços

A teoria das cordas tornou-se parte da cultura popular nos últimos anos graças a Sheldon Cooper, o gênio socialmente desajustado da série de sucesso da CBS

The Big Bang Theory. É um dos meios de que os físicos estão se utilizando para tentar unificar a física quântica e a gravitação universal na Teoria de Tudo.

A premissa básica é que tudo que vemos ao nosso redor é feito essencialmente de minúsculos fios vibratórios. Assim como dedilhamos as cordas de um instrumento musical de distintas maneiras para produzir diferentes notas, a natureza, produzindo diversas vibrações nesses fios diminutos, cria dessemelhantes partículas subatômicas. Quando esse quadro conceitual foi unificado com uma teoria chamada supersimetria (págs. 161-2), ele passou a ser conhecido como teoria das supercordas.

Usando esse modelo, teóricos das supercordas conseguem combinar a física quântica e a relatividade geral matematicamente, mas as equações só funcionam num âmbito experimental com nove dimensões espaciais. Para explicar por que nos sentimos entes inseridos num mundo de três dimensões, os físicos argumentam que as outras devem estar enrodilhadas de forma tão incrivelmente diminuta que permanecem longe do alcance de nossas vistas. No entanto, não há atualmente nenhuma prova de que essas outras dimensões existem ou de que a teoria das supercordas não passa de mais que uma simples e elegante ilusão dos matemáticos.

Nos primeiros episódios da série *The Big Bang Theory*, o inimigo de Sheldon é Leslie Winkle, uma física rival empenhada no desenvolvimento de um trabalho com a Gravitação Quântica de Laços. Ela está tentando solucionar o problema da unificação da física quântica com a gravitação universal partindo de outro ponto de vista.

Einstein disse que o espaço-tempo é um tecido cósmico contínuo deformado por corpos celestes gigantescos, criando com isso o efeito da gravidade. Mas acontece que, na física quântica, nada é contínuo. Para tentar demonstrar que o espaço-tempo é quântico, os teóricos da Gravitação Quântica de Laços argumentam que ele também não é contínuo, mas feito de espirais ou anéis coligados de tal modo que formam um tecido cósmico. É algo parecido com uma colcha. À primeira vista, parece um tecido inteiriço, mas, observado no microscópio, a pessoa vê que realmente ele tem pontos de costura, por assim dizer.

Nesse quadro conceitual, o espaço-tempo não é perfeitamente liso, mas áspero. É algo que pode ser confirmado. Astrônomos estão tentando verificar se a luz proveniente de galáxias distantes que viaja em nossa direção sofreu alterações ou desvios ao longo do caminho por essa estrutura do universo.

Exoplanetas

A zona habitável

Graças à nossa frota de satélites orbitais, temos fotografias espetaculares da Terra tiradas de grandes altitudes. Algumas das imagens mais impressionantes são as tiradas à noite, quando as grandes metrópoles reluzem como sinais luminosos de civilização. Não resta dúvida de que nosso mundo é dominado por uma espécie tecnologicamente avançada.

Uma olhada mais atenta na região ao sul do Mediterrâneo é também bastante reveladora. As terras secas e áridas do Norte da África aparecem ao longe — em flagrante contraste com a movimentada e agitada Europa —, com muito pouca iluminação elétrica. No entanto, existe uma região na extremidade nordeste do continente que vive iluminada, como se fosse uma árvore de Natal: o delta do Nilo. Numa região em que a água é muito escassa, povos migraram para as margens do segundo maior rio do mundo.

É um claro sinal de quanto a água é importante para a vida na Terra. E a vida se espalhou pelo planeta inteiro, desde as profundezas do solo até as nuvens. Mas todas as formas de vida descobertas até agora dependem de H_2O em estado líquido para sobreviver. Portanto, é natural que a questão da água seja o fator mais importante nas cogitações dos cientistas quando conversam sobre as chances de encontrar formas de vida em outras partes do universo.

A Terra fica na *zona habitável* do sistema solar — a estreita faixa anular em torno de uma estrela em que as temperaturas permitem que a água exista. Perto demais do astro, a água ferve; longe demais dele, congela. Isso explica por que a zona habitável é também frequentemente chamada de *Zona de Cachinhos Dourados*. Assim como o mingau no conto infantil, é uma região que não é quente nem fria demais, está no ponto certo. Por isso, atualmente, alguns astrônomos estão buscando sinais de vida extraterrestre procurando verificar a existência de planetas nas zonas habitáveis de outras estrelas.

Mas essas regiões não são os únicos lugares onde se devem fazer essas buscas. Porquanto cientistas acreditam que existe água em nosso próprio sistema solar, embaixo dos oceanos congelados das luas Europa e Encélado, embora elas não estejam nem perto da tradicional zona habitável. É que, em vez de achar no Sol a sua fonte de calor, ela está em suas inter-relações gravitacionais com Júpiter e Saturno. Por isso, são bons lugares para começar essa busca, mas não deveríamos restringir nossa procura de forma de vida extraterrestre exclusivamente às consideradas zonas habitáveis das estrelas.

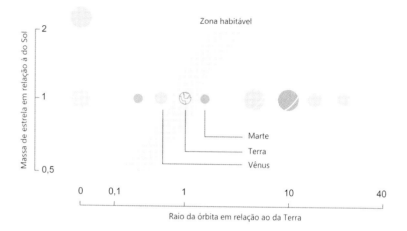

A zona habitável é uma estreita região em torno de uma estrela com temperaturas certas para a existência de água em estado líquido. Sua localização exata depende da temperatura da estrela.

ZONAS HABITÁVEIS NA ÓRBITA DE ANÃS VERMELHAS

Zonas habitáveis são como festas móveis — sua localização espacial, no caso, depende das características da estrela. Planetas que orbitam estrelas das classes espectrais O e B, as mais quentes de que se tem notícia, precisam estar consideravelmente mais distantes delas para que a água que porventura neles exista não evapore. Já planetas orbitando estrelas de espectro K e M — as anãs vermelhas — precisam achar-se mais aconchegados aos seus astros luminosos para se manterem aquecidos.

Essa proximidade pode ser problemática, já que a zona habitável fica dentro do perímetro do travamento gravitacional — tal como a Lua em relação à Terra, um planeta tão perto assim da sua estrela sempre ficará com um dos hemisférios voltado para ela. Por isso, um deles tem um clima tórrido, enquanto o outro é de um frio congelante. Nas anãs vermelhas, ocorrem também fortes erupções solares e intensas emissões de raios ultravioleta — ambos os fenômenos são nocivos à vida.

Mas a aposta nessas regiões do espaço é alta, pois as anãs vermelhas constituem cerca de 75% do total de estrelas — um potencial imobiliário em zonas estelares habitáveis simplesmente astronômico e que vale a pena conferir. Recentemente, astrônomos usaram computadores para tentar reproduzir virtualmente as condições atmosféricas de planetas nessas regiões, e seus esforços lhes deram alguma esperança. As simulações indicaram que os ventos atmosféricos poderiam dissipar o calor irradiado pela estrela de maneira mais uniforme pelo planeta, tornando-o um ambiente menos inóspito ao florescimento da vida.

O Método do Trânsito

Descobrir planetas girando ao redor de outras estrelas — denominados *exoplanetas* — não é tarefa fácil. Mudemos nosso ponto de observação para outra região do universo e imaginemos que existe uma civilização alienígena lá fora tentando saber se o Sol tem planetas com a possibilidade de abrigar vida. Primeiramente, observemos que o Sol é 1 milhão de vezes maior do que a Terra. Além disso, brilha com uma luminosidade absurda, enquanto a Terra não emite luz própria. O problema se agrava quando verificamos que o local mais próximo de onde esses seres poderiam fazer suas buscas seria da estrela que fica mais perto de nós depois do Sol. Ela é a Proxima Centauri, a uns 40 trilhões de quilômetros (4,2 anos-luz) de distância daqui. Procurar outros planetas pelo universo é quase a mesma coisa que procurar uma agulha pequena e escura num palheiro gigantesco, situado num lugar tão remoto que a pessoa mal consegue ver o monte de palha, muito menos a agulha em si.

Esses desafios forçaram os astrônomos a inventar meios de descobrir a existência de exoplanetas, embora não possam ser observados diretamente. Uma das técnicas mais usadas é denominada *método do trânsito*. Quando um exoplaneta atravessa um plano situado diretamente entre seu astro estelar e o nosso orbe — uma conjunção astronômica, ou um eclipse —, ele bloqueia parte da luz de sua estrela e faz com que ela aparente ficar temporariamente obscurecida.

Com essa ideia simples em mente — a de que, às vezes, planetas bloqueiam a luz de suas estrelas hospedeiras —, podemos aprender inúmeras coisas sobre exoplanetas. Quanto maior o planeta, mais luz ele consegue bloquear e mais obscurecida fica a estrela. Quando conseguimos observar conjunções múltiplas e com os astros em posições uniformemente espaçadas, então o espaço entre eles nos informa quanto tempo o planeta leva para orbitar sua estrela. Quanto mais tempo ele leva para completar sua órbita, mais distante ele rodopia em torno do seu astro estelar. Com isso, podemos saber se ele está situado ou não na zona habitável.

Desde 2009, as lentes do Telescópio Espacial Kepler da NASA vêm sendo alternadamente focadas entre centenas de milhares de estrelas, num esforço dos astrônomos para detectar diminuições em seu brilho provocadas pela possível conjunção de exoplanetas. Tal método de sondagem do espaço revolucionou nossa compreensão das coisas que existem pelo universo. Com ele, descobrimos até agora 2.000 mundos extrassolares, alguns dos quais tendo órbitas na zona habitável de suas estrelas (ver "O que descobrimos até agora", págs. 147-8).

O Método da Velocidade Radial

Nem todos os exoplanetas revelam sua existência por meio de conjunção astronômica. Quando o planeta não atravessa a faixa do espaço que se estende entre o nosso planeta e a estrela, não conseguimos ver nenhuma mudança no brilho da estrela. Imagine-se observando o sistema solar a partir do polo norte do Sol — desse ponto de observação, você não veria nenhum dos oito planetas de existência confirmada orbitando a estrela.

Porém, os planetas exercem, sim, sobre as estrelas outro efeito observável. Estamos acostumados com a ideia de que o Sol exerce atração gravitacional sobre os planetas, mas estes também exercem atração sobre suas estrelas. Principalmente Júpiter e Saturno, com sua forte atração gravitacional, fazem com que o Sol oscile um pouco. Essa oscilação causa alterações na luz das estrelas que chegam ao nosso planeta, fenômeno conhecido como *efeito Doppler*.

O efeito Doppler na propagação do som é algo muito familiar. É o que vemos no caso da sirene da ambulância. Quando esta se aproxima velozmente de uma pessoa, o som da sirene ressoa forte, mas assim que o veículo passa, a pessoa percebe claramente a mudança da intensidade sonora. Isso acontece porque as ondas sonoras estão agrupadas quando a ambulância se aproxima e depois, quando se afasta, dispersadas. A luz também se comporta como ondas, embora não seja sua intensidade que muda, e sim sua cor. Fontes de luz que se afastam de nós parecem mais avermelhadas (*deslocamento para o vermelho*); já fontes de luz que se aproximam se tornam mais azuladas (*deslocamento para o azul*).

MICROLENTEAMENTO GRAVITACIONAL

De acordo com a Teoria da Relatividade Geral de Einstein, corpos celestes gigantes encurvam a trajetória da luz que passa em suas proximidades. Foi o que Eddington confirmou com suas fotografias no eclipse de 1919 (pág. 51). Quando um imenso corpo celeste passa na frente de uma estrela, ele amplifica a distante luz emitida por ela como se fosse uma lente. Isso é conhecido como *microlenteamento gravitacional*. A ampliação é muito simétrica quando o corpo em primeiro plano (lente) é unitário, tal como uma estrela solitária. O corpo do plano de fundo fica mais brilhante durante várias semanas e se obscurece depois, no mesmo espaço de tempo. Mas, quando a estrela está acompanhada por um planeta, acontece então às vezes de observarmos um aumento súbito de amplificação, fenômeno em que o planeta contribui com uma ampliação provocada por ele mesmo. É mais ou menos algo como se a lente principal tivesse alguma imperfeição.

    O microlenteamento gravitacional funciona melhor na tentativa de localização de planetas razoavelmente distantes de suas estrelas. Ele complementa os métodos de velocidade radial e de conjunção astronômica, que são mais apropriados à localização de planetas situados em regiões mais próximas e que causam oscilações mais fáceis de detectar ou maior diminuição do brilho de suas estrelas.

Vejamos a seguir como funciona. Os astrônomos dividem espectralmente a luz de uma estrela usando um espectrômetro, de modo que possam ver as negras faixas de absorção espectral, faixas que os ajudam a determinar a idade do astro luminoso (págs. 125-7). Imaginemos que um exoplaneta esteja fazendo com que sua estrela, em certa medida, oscile para a nossa direção e depois para a direção oposta, num ciclo incessante. As faixas de absorção espectral da estrela mudam de posição constantemente no espectro, tendendo primeiramente para a extremidade azul e depois voltando para a vermelha.

Essa técnica — chamada *método da velocidade radial* — dispõe agora de instrumentos tão sensíveis que é capaz de detectar mudanças mínimas na velocidade de uma estrela, de nada menos que 1m/s. Procure refletir sobre isso. É espantoso o fato de que, mesmo com uma estrela a centenas de trilhões de quilômetros de distância, consigamos detectar alterações em sua velocidade equivalentes às do deslocamento de uma pessoa caminhando.

Essas medições da velocidade radial das estrelas nos permitem saber o tamanho dos planetas. Quanto mais pesado for o orbe, maior será a oscilação de sua estrela e ainda maior o deslocamento alternado das raias negras espectrais entre os extremos do espectro.

O que Descobrimos até Agora?

Você abre as cortinas a tempo de apreciar o segundo nascer do Sol do dia. Quando sai de casa, é seguido em sua travessia pela planície não apenas por uma sombra, mas por duas. Próximo ao fim do dia, um dos sóis do sistema acompanha outro em seu mergulho cósmico no horizonte. Essa paisagem incomum talvez faça parte da experiência diária dos possíveis habitantes do planeta Kepler-16b.

Descoberto em 2011, ele foi o primeiro exemplo incontestável da existência de um planeta circumbinário — que orbita duas estrelas. Além de ter dois pores do sol, dois nascentes e sombras duplas, é um orbe cujos dois sóis talvez eclipsem um ao outro a cada três semanas. Deve ser um espetáculo e tanto.

Kepler-16b é apenas um de milhares de exoplanetas rodopiando em torno de estrelas desde o primeiro desses orbes descobertos por nós, em 1995. No início, pensávamos que talvez fôssemos descobrir muitas cópias do nosso próprio sistema solar, mas fomos forçados a encarar a possibilidade de que vizinhanças semelhantes à nossa podem ser raras.

Alguns dos primeiros exoplanetas descobertos eram chamados de "Júpiteres abrasadores" — planetas gigantescos que orbitam suas estrelas em questão de horas e cujas temperaturas são tão elevadas que podem derreter rochas. Já outros planetas apresentam temperaturas extremamente variáveis, em razão de suas órbitas muito elípticas. Em HD 80606b, por exemplo, a temperatura salta de 800K para 1.500K em apenas seis horas no trecho de maior proximidade do orbe em relação à estrela. O planeta 55 Cancri pode ter até uma superfície coberta de diamantes, formados em seu interior quente e de alta pressão.

É natural, porém, que os exoplanetas que atraem mais a atenção sejam os que apresentam possibilidades de serem mais parecidos com o nosso. Em 2014, astrônomos descobriram o Kepler-186f — o primeiro orbe do tamanho da Terra descoberto na zona habitável de sua estrela. Um ano depois, esse achado foi seguido pela descoberta do Kepler--452b. Já em 2017, os astrônomos estavam anunciando a descoberta de sete exoplanetas do tamanho da Terra ao redor da estrela TRAPPIST-1, três dos quais na zona habitável. Existe até um planeta possivelmente habitável em volta de Proxima Centauri, a estrela mais perto de nós depois do Sol.

Mas a ideia de "possivelmente habitável" deve ser considerada com uma boa dose de cautela. Na verdade, o que todos os astrônomos estão dizendo é que, *se* o planeta tiver a mesma composição atmosférica que a Terra, talvez sua temperatura seja apropriada para a existência de água em estado líquido. Eles não afirmam que certamente podem ser habitados ou até que tenham água de fato. Portanto, o próximo trabalho deles é medir quimicamente as composições atmosféricas de exoplanetas para só depois comprovar que eles têm água.

AS SUPERTERRAS

Nosso sistema solar possui pequenos planetas rochosos e gigantescos planetas gasosos. Não existe aqui planeta intermediário (exceto talvez o Planeta Nove). Uma das grandes surpresas que surgiram nas pesquisas envolvendo exoplanetas é a descoberta de um novo tipo de planeta: a Superterra.

Rochosas, mas com massas muitas vezes maiores do que a do nosso mundo planetário, essas Superterras têm uma gravidade bem mais forte do que a do nosso orbe. Existe muita polêmica em torno da questão de ser esse fator um tipo de ajuda ou um estorvo ao florescimento da vida.

Nelas, quaisquer extensões de terra devem ser muito mais planas, sendo impossível a formação de montanhas tão altas quanto as da Terra. A superfície da Terra é formada por cerca de 70% de água e 30% de terras, mas as Superterras podem ser verdadeiros mundos aquáticos, com apenas uma pequena fração de crosta planetária acima do nível do mar. As maiores devem ter suas crostas completamente submersas. Planetas maiores do que esses devem ser ainda mais quentes, com seus núcleos mais agigantados levando à existência de campos magnéticos mais fortes e proporcionando maior proteção contra as consequências de perigosas atividades estelares e de raios cósmicos.

Forças gravitacionais maiores significam também a capacidade dos planetas de reterem mais gases, portanto a possibilidade de terem atmosferas mais densas. Isso é vantajoso para o trabalho dos astrônomos, pois atmosferas mais densas são mais fáceis de descrever.

Classificação de Atmosferas Planetárias

Neste exato momento, você está respirando numa atmosfera que contém 21% de oxigênio. Até em momentos ociosos, você consome 550l/dia dessa substância. Ao longo de uma vida inteira, a quantidade chega a mais de 16 milhões de litros ou a 22 toneladas de oxigênio.

O problema é que não deveria haver oxigênio aqui. Afinal, é um gás muito reativo e se combina rapidamente com outros elementos químicos da atmosfera, formando novos compostos. E, no entanto, ele existe em abundância para você — e para todas as outras pessoas — respirar à vontade. Mas temos de agradecer também a outras formas de vida por isso. Plantas, árvores e micróbios presentes em oceanos produzem oxigênio via fotossíntese e repõem o que vai sendo consumido.

Isso faz do oxigênio um gás biomarcador — uma substância que, se detectada em abundância em determinado planeta, pode indicar a existência de vida. Astrônomos adorariam poder procurar gases biomarcadores nas atmosferas de alguns dos exoplanetas com tamanho semelhante ao da Terra que eles têm descoberto nas zonas habitáveis de estrelas. Mas não seria uma tarefa nada fácil.

Felizmente, porém, já existe um processo de análise de características atmosféricas, que por sinal vem sendo testado em exoplanetas muito maiores do que o nosso, principalmente nos Júpiteres abrasadores, cujas atmosferas são infladas pelo calor extremo a que ficam submetidos. Em 2017, astrônomos chegaram a medir a composição da atmosfera da Superterra GJ 1132b — um planeta apenas 40% maior do que o nosso. Além disso, telescópios capazes de explorar as atmosferas de planetas mais ou menos do tamanho da Terra estão sendo construídos atualmente e, em breve, entrarão em operação.

Eles usarão a mesma técnica utilizada por astrônomos para conhecer a composição química de estrelas: espectroscopia (pág. 52). Quando, em relação à posição de nosso orbe, um exoplaneta passa na frente da sua estrela, parte da luz estelar atravessa sua atmosfera e prossegue em sua viagem na direção de nossos telescópios. Mas luzes com certa coloração não conseguem sair da sua atmosfera, pois os compostos químicos nela existentes absorvem luz com esses comprimentos de onda. O espectro resultante apresenta linhas negras de absorção espectral, fornecendo assim informações acerca da constituição atmosférica do planeta. Além de oxigênio, estamos à procura de sinais de água e outros possíveis gases biomarcadores, tais como metano.

EXOLUAS

Até agora, temos concentrado nossa atenção principalmente em exoplanetas. E com toda razão — afinal, é lógico que tínhamos de começar por eles, já que as únicas formas de vida de cuja existência temos conhecimento surgiram num planeta. Contudo, faz tempo que escritores de ficção científica cogitam a possibilidade de existir vida em satélites naturais. No filme *Avatar*, por exemplo, os acontecimentos se dão em Pandora — uma lua rochosa cheia de natureza exuberante que orbita o planeta gasoso Polifemo. Já em *Star Wars*, Endor é uma lua coberta de florestas e a terra natal dos ewoks. Em *Doctor Who*, o personagem Doutor estuda a ideia de desfrutar da aposentadoria na Lua Perdida de Poosh, famosa por suas piscinas.

Realmente, uma estrela qualquer, ainda que não tenha planetas rochosos na zona habitável, pode ter mundos rodopiando em torno de si capazes de abrigar vida. Tanto que, por mais absurdo que seja imaginar isto, se forças ignotas e poderosas conseguissem transferir Júpiter para a zona habitável do Sol, talvez se tornassem cheias de vida algumas de suas luas com dimensões planetárias. Mas, se encontrar exoplanetas já é algo muito difícil, descobrir a existência de exoluas é querer desafiar demais os limites daquilo que somos capazes de fazer atualmente.

Isso não impediu uma equipe liderada por David Kipping, da Universidade Columbia, em Nova York, de tentar localizá-las. Afinal, a força gravitacional das luas aumenta e diminui a velocidade do movimento orbital de seus planetas em torno de suas estrelas hospedeiras. Isso faz com que conjunções astronômicas, caso o astro seja um planeta que orbite sua estrela sozinho, aconteçam até cinco minutos antes ou depois do esperado. Encontrar indícios de fenômenos como esses requer um trabalho de extrema precisão e nos limites daquilo que o Telescópio Espacial Kepler consegue realizar. Seu computador pessoal demoraria cinquenta anos para realizar os cálculos necessários para se conhecer as condições desse planeta.

Apesar disso, a comunidade astronômica ficou eufórica no verão de 2017 com os rumores da existência de uma possível exolua no sistema planetário Kepler-1625b. Parece que existe lá uma lua do tamanho de Netuno girando em sincronia com um exoplaneta do tamanho de Júpiter. Na época em que eu escrevia estas linhas, Kipping e sua equipe agendaram uma sessão de observações no Telescópio Espacial Hubble para sondagens mais aprofundadas dessa região do espaço, na esperança de confirmar o que poderia ser uma descoberta histórica.

CAPÍTULO CINCO

As Galáxias

A Via Láctea

Nome e aparência

Nas histórias dos índios norte-americanos Cherokees, estes a chamam de "O Caminho de Fuga do Cão", alusão à trilha de grãos de farinha de milho deixada por um cachorro que furtara deles uma porção desse alimento. No Extremo Oriente asiático, ela é o rio prateado do paraíso. Os Maori da Nova Zelândia veem uma canoa gigante. Na mitologia greco-romana, ela tem o nome do leite materno de Hera respingado no céu pelo lactente Héracles (Hércules).

Foi do nome dessa última história que tiramos a moderna denominação científica do brilhante arco de aparência polvorenta que se estende de uma ponta à outra do céu noturno: a Via Láctea. Uma faixa de luz estelar com cerca de 30° de inclinação é constituída principalmente de aglomerados de estrelas e escuros filamentos de poeira cósmica. No entanto, muitos de nós nunca a vimos. Para se ter ideia, 80% dos americanos vivem em áreas em que ela fica obscurecida por poluição de luzes artificiais. E quase um terço da população mundial está na mesma situação.

Vale a pena aventurar-se por uma região campestre e escura para ver a galáxia e comprovar o que digo. Talvez seja o maior espetáculo proporcionado pelo céu noturno. Galileu foi o primeiro a sondá-la com um telescópio, tendo observado então um sem-número de estrelas. Até um simples par de binóculos é capaz de revelar um céu forrado de astros cintilantes e poeira cósmica. As Nebulosas Grande Fenda e Saco de Carvão são escuras regiões de nossa galáxia visíveis a olho nu. Nebulosas moleculares gigantescas bloqueiam a visão que poderíamos ter das estrelas situadas além.

CAPÍTULO CINCO: AS GALÁXIAS

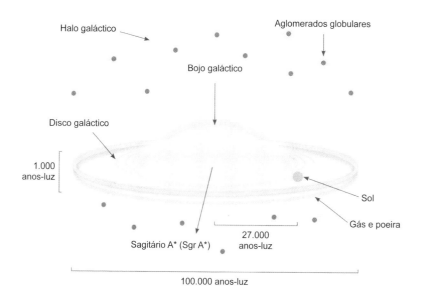

Nossa galáxia — a Via Láctea — é plana e discoidal, com um bojo central e braços espiralados, inteiramente envolta num halo de matéria escura.

Embora a Via Láctea seja visível no mundo inteiro, o ápice do grande espetáculo concentra-se nas constelações zodiacais de Sagitário e Escorpião. As melhores vistas dessa região são proporcionadas por locais situados em latitudes inferiores a 30°, pois tal parte da galáxia fica diretamente acima dos seus contempladores. Essa faixa territorial do planeta se estende a partir do Chile e da Argentina, atravessa a África do Sul e vai para o leste, passando próximo às cidades australianas de Perth e Brisbane. Não é de surpreender o fato de que alguns dos melhores telescópios do mundo estejam situados perto dessa faixa. Nesse local de observação privilegiado, astrônomos buscam ocupar os melhores lugares para estudar a Via Láctea e seus mistérios.

Formato, tamanho e conteúdo

Vemos a Via Láctea desta forma porque vivemos dentro dela. Galáxia espiral, se vista de fora, seu formato lembraria o de dois ovos fritos colados pelas bases. Em sua parte central, existe um bojo parecido com uma gema de ovo cercado por um disco, bem mais achatado. Nosso planeta está situado mais ou menos no centro de um segmento desse disco, num dos menores braços espirais da galáxia.

Quando olhamos na direção da Constelação de Sagitário, nosso olhar atravessa o disco para se fixar na contemplação da região central da galáxia apinhada de corpos celestes. Agora, volte o olhar para as Constelações de Órion e do Cocheiro (Auriga), e você ficará com a visão direcionada para a posição contrária, voltada para a borda da galáxia.

Estimativas sobre o tamanho e o conteúdo astronômico da nossa Via Láctea variam muito. Contudo, astrônomos concordam que a galáxia tem, pelo menos, 100.000 anos-luz de diâmetro. Isso equivale a estupendos 1 quintilhão de quilômetros. Somente agora, um feixe de luz que partisse de um dos lados da galáxia 100.000 anos atrás, na época recuadíssima em que o *Homo sapiens* ainda convivia com o homem de Neandertal, estaria se aproximando do seu outro lado.

Mas vejamos a seguir outra forma de visualizarmos essa imensidão. Imagine que fosse possível reduzir a distância entre o Sol e as fímbrias do Cinturão de Kuiper a algo do tamanho do seu dedo mínimo. Nessa escala, a Via Láctea caberia no Oceano Atlântico, com uma de suas bordas em Londres e a outra em Kingston, na Jamaica. O Sol é minúsculo em comparação com a galáxia como um todo.

É verdade que, em seu aspecto real, ela tem um diâmetro enorme, mas, em média, o disco da Via Láctea mede apenas 1.000 anos-luz de espessura. Esse disco é o abrigo cósmico do Sol e de, pelo menos, outros 100 bilhões de estrelas, ou talvez nada menos que 400 bilhões delas. Estimativas baseadas em dados do Telescópio Espacial Kepler indicam que existem 60 bilhões de planetas nas zonas habitáveis dessas estrelas.

As estrelas giram em torno do centro em sentido anti-horário — é a mesma direção em que os planetas orbitam o Sol. Nossa estrela leva mais ou menos 220 milhões de anos para completar uma volta orbital na Via Láctea, período que os astrônomos chamam de *ano cósmico*.

Braços espirais

Não podemos ver a Via Láctea por fora — ela é simplesmente grande demais para sairmos de sua imensidão. Na velocidade que as sondas *Voyager* conseguem desenvolver, seriam necessários 5 milhões de anos para saírem de seu disco pelo atalho mais curto. Todavia, se conseguíssemos fazer isso, a característica que mais admiraríamos em nossa galáxia seriam seus braços ou ramificações espirais.

Quatro cadeias gigantescas de estrelas e gás parecem espiralar-se para fora de uma barra central de corpos celestes localizados no bojo da galáxia. Elas são constituídas por, pelo menos, outros dois braços menores, num dos quais fica o Sol. Conseguimos montar esse quadro observando a forma pela qual nossa galáxia se move, bem como estudando outras galáxias espirais no universo como um todo.

Durante muitos anos, braços espirais galácticos foram um enigma para nós. Afinal de contas, à primeira vista parece que cada braço é um único grupo de estrelas movendo-se conjuntamente em torno do centro galáctico. Mas isso não nos pareceu correto. Até porque, galáxias espirais giram com razoável velocidade, portanto esses braços se desfariam com o tempo. Para entender bem isso, imagine uma pista de atletismo com várias raias. Assim como atletas correndo na raia interna, estrelas mais próximas do meio dos braços se poriam à frente das outras situadas nas faixas mais externas. Desse modo, seria necessário completar apenas algumas órbitas para os braços desaparecerem.

Na década de 1960, os astrônomos chineses C. C. Lin e Frank Shu perceberam que braços espirais galácticos mais parecem engarrafamentos de trânsito. Nestes, quando alguém freia, todos os demais motoristas freiam também. Quando finalmente o motorista barbeiro volta a andar, a aglomeração já se propagou pela faixa de trânsito inteira, como uma onda. Ao se deparar com esse trecho apinhado de veículos, o motorista que vem atrás precisará reduzir a velocidade. É o que acontece também com as estrelas. Quando nuvens de moléculas interestelares são comprimidas, isso implode parte das nuvens e cria novas estrelas (págs. 125-6). Esse fenômeno explica por que vemos tantas formações de estrelas em braços espirais.

Esses engarrafamentos estelares — o que astrônomos chamam de *ondas de densidade* — têm uma aparência que você não verá em nenhuma estrada. Quando uma estrela se aproxima de uma região densa, é atraída mais rapidamente para ela pela gravidade coletiva das estrelas presentes no engarrafamento. Quando acontece de uma estrela começar finalmente a conseguir sair dele, ela faz isso muito lentamente, pois a gravidade das estrelas na retaguarda a puxa para trás. Portanto, estrelas passam um longo tempo como parte de uma onda de densidade estelar e, assim, os braços espirais galácticos perduram.

O centro da galáxia

Quando o Sol se põe atrás de um vulcão havaiano inativo, as cúpulas do gigantesco Observatório Keck acabam ficando encobertas pela sombra da tardinha. Então, elas se abrem lentamente, revelando os espelhos com 10m de diâmetro, à medida que descem sobre essa parte do globo as cortinas da noite. Desde meados da década de 1990, astrônomos usam esses telescópios no cume do Mauna Kea para fazer a captação instrumental das luzes prístinas que caem sobre a Terra provenientes do centro da Via Láctea.

De lá para cá, o objetivo de seus esforços tem sido compreender com precisão o que tudo na galáxia orbita. Em suas observações através de 27.000 anos-luz de imensidões de gás e poeira cósmica, os astrônomos descobriram a existência de estrelas girando vertiginosamente em torno de uma brilhante fonte de ondas de rádio conhecida como Sgr A* (lê-se "Sagitário A-estrela"). Podemos nos basear na velocidade e na distância das estrelas em relação a Sagitário A* para calcular a massa do corpo celeste que elas orbitam. Sgr A* tem uma massa simplesmente colossal, nada menos que algo equivalente a 4 milhões de sóis. Para que as estrelas permaneçam em órbitas estáveis, elas precisam também ter menos de 12 milhões de quilômetros de diâmetro (cerca de 1/5 da distância entre Mercúrio e o Sol ou um diâmetro 8,5 vezes maior do que o de nossa estrela). A única coisa capaz de compactar tanta massa assim num espaço relativamente pequeno é um buraco negro supergigantesco.

Portanto, neste exato momento, o Sol está nos arrastando num giro ao redor de um buraco negro a uma velocidade de quase 1 milhão de quilômetros por hora. Felizmente, estamos longe o bastante do buraco para não sermos tragados por ele, mas astrônomos viram corpos celestes ficarem perigosamente perto desse sorvedouro. Entre 2011 e 2014, observaram um objeto misterioso — uma nuvem de gás interestelar —, chamado Sagitário G2 passar próximo à borda do buraco negro. No início, pensaram que ele iria desaparecer nas entranhas da escura voragem cósmica, mas parece que havia uma estrela no interior da nuvem que ajudou a mantê-la íntegra.

Outra nuvem — a Sagitário B2 — foi atingida por uma enxurrada de radiação produzida por um buraco negro cerca de 400 anos atrás. Isso indica que, de forma relativamente recente e astronomicamente falando, as atividades em Sgr A* eram um milhão de vezes mais intensas do que são agora.

O Telescópio do Horizonte de Eventos

O centro da galáxia é um laboratório perfeito para testar a Teoria da Relatividade Geral de Einstein. Afinal, as estrelas que orbitam Sgr A* estão sujeitas aos efeitos de uma força gravitacional 100 vezes maior do que a de qualquer lugar em que a teoria foi testada até agora. Assim como a proximidade de Mercúrio em relação ao Sol nos mostrou as falhas da visão newtoniana acerca da gravitação universal (pág. 51), as estrelas que giram em torno do buraco negro existente no centro da Via Láctea poderiam nos ajudar a encontrar equívocos nas ideias de Einstein. Quaisquer inconsistências poderiam indicar o caminho para uma efetiva Teoria de Tudo (págs. 139-40).

Constantes observações das estrelas do centro da galáxia com os telescópios do Keck darão grande contribuição nesse sentido. Todavia, precisamos observar o buraco negro com mais atenção se quisermos mesmo pôr as ideias de Einstein à prova. O ideal é que procuremos verificar a forma pela qual o espaço-tempo sofre encurvamento nas proximidades do horizonte de eventos (pág. 136).

A Teoria da Relatividade Geral prevê que o buraco negro apresenta um formato circular escuro: um interior negro circundado por um disco irradiante, que, no início, parece afastar-se do observador, mas acaba encurvado para trás, na direção dele, pela força da gravidade descomunal do buraco negro. Se, no fim de tudo, acabarmos constatando que ele não é circular ou que tem um tamanho diferente do esperado, então poderemos estar diante de uma revolução.

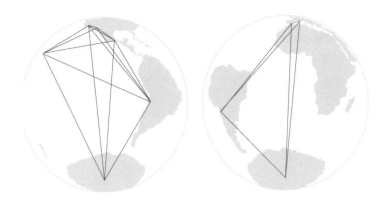

Precisaríamos de um telescópio do tamanho da Terra para podermos observar a área ao redor de um buraco negro. Os astrônomos resolveram o problema criando o Telescópio do Horizonte de Eventos coligando telescópios ao redor do mundo.

AS BOLHAS DE FERMI

Nossa galáxia vive nos surpreendendo. Em 2010, astrônomos, usando o Telescópio Espacial Fermi (assim denominado em homenagem ao pioneiro Enrico Fermi — ver pág. 168), descobriram a existência de duas enormes bolhas de raios gama se afastando do centro da galáxia. Inflando acima e abaixo do disco, essas Bolhas de Fermi se estendem em ambas as direções por uma região do espaço correspondente a 25.000 anos-luz. Cada uma delas contém uma quantidade suficiente de gás frio para criar 2 milhões de sóis. Astrônomos acreditam que elas tenham se formado entre 6 milhões e 9 milhões de anos atrás, o equivalente a uma batida do coração na história de uma galáxia com uma idade tão avançada quanto a da Via Láctea. Sua formação foi desencadeada pela absorção que Sgr A* fez de uma nuvem de gás pesando o equivalente a centenas, ou talvez até milhares, de sóis. Mas nem tudo foi absorvido pelo buraco negro. Parte dessa matéria, movida pela conjunção de forças em ação na região, circulou velozmente pelo entorno do buraco negro e foi lançada de volta para a galáxia.

O aspecto uniforme e esferoidal das bolhas indica que essa energia foi liberada num espaço de tempo muito curto.

Talvez tenha sido a última vez que Sgr A* devorou o equivalente a um verdadeiro banquete de matéria cósmica — parece que, desde então, vem fazendo apenas pequenas refeições, sujeitando-se a uma dieta um tanto rigorosa. Já outras galáxias têm buracos negros monstruosos, com apetites bem mais vorazes.

Contudo, enfocar um corpo celeste de tamanha densidade e situado a uma distância de 27.000 anos-luz daqui não é uma tarefa nem um pouco fácil. É uma façanha que demanda o uso de um telescópio com uma resolução 2 mil vezes maior do que a do Telescópio Espacial Hubble. Acontece que é impossível dispor de um telescópio com tamanha potência — ele precisaria ter o tamanho do nosso planeta. Por isso, astrônomos pensaram numa alternativa inteligente. Eles coligaram telescópios existentes nos EUA, no México, no Chile, na Antártida e na Espanha, os quais, operando em conjunto, imitam um telescópio quase tão grande quanto a Terra. Em 2017, o Telescópio do Horizonte de Eventos foi empregado na primeira observação de Sgr A* e, em breve, será usado para submeter as teorias a um teste decisivo.

O Problema da Rotação

À primeira vista, a Via Láctea parece um sistema solar gigantesco. Afinal, apresenta um grande aglomerado de massa no centro e muitos corpos celestes menores girando em torno de si. Porém, se observada mais de perto, verificamos que galáxias espirais são radicalmente diferentes de sistemas planetários.

Se fosse possível afastar-se do Sol e observá-lo como um todo ao mesmo tempo, você veria que, quanto mais distanciados do astro rei, mais os planetas demoram para completar sua órbita. Mercúrio, por exemplo, leva apenas 88 dias para fazer isso, ao passo que Netuno precisa de 165 anos para orbitá-lo. Portanto, é razoável esperar, por analogia, que as velocidades de movimento orbital das estrelas sejam menores também à medida que nos afastamos do centro da galáxia. Mas isso não acontece.

Os primeiros indícios de que a Via Láctea tinha esse problema de rotação gravitacional apareceram já na década de 1930. Jan Oort — astrônomo homenageado com a chamada Nuvem de Oort — observava as estrelas girando próximo à borda da galáxia e media a velocidade de seu movimento orbital, quando descobriu que estavam se movendo rápido demais. Achou que, na velocidade em que orbitavam, já deveriam ter escapado da força gravitacional da Via Láctea e se perdido pelo espaço intergaláctico. O fato de que isso não aconteceu o levou a propor que a força gravitacional da galáxia deve ser mais forte do que pensávamos.

A obra de Oort ficou quase totalmente esquecida até o fim da década de 1960, quando seu trabalho foi retomado pela astrônoma americana Vera Rubin. Ao longo da década seguinte, ela estudou a rotação de uma centena de outras galáxias e descobriu o mesmo fenômeno. Constatou que estrelas situadas na periferia de galáxias espirais orbitam o centro galáctico com a mesma rapidez das existentes no bojo da galáxia. Rubin morreu no Natal de 2016, em meio a recomendações de que lhe fosse dado o Prêmio Nobel por seu trabalho (porém, essa honraria não é concedida postumamente).

Matéria escura

A explicação sobre o problema da rotação gravitacional estelar mais aceita entre os especialistas é que existe uma quantidade descomunal de matéria oculta, invisível aos nossos instrumentos, disseminada por toda a galáxia. Talvez essa *matéria escura* seja a causa da força gravítica adicional e necessária para reter em sua órbita as estrelas de rápido movimento orbital. Aliás, Oort propusera, na década de 1930, que talvez a quantidade da tal matéria escura fosse três vezes maior do que a visível.

Uma das primeiras e mais promissoras hipóteses a ser aventada sobre sua existência está na ideia de que a galáxia contém uma quantidade imensa de Objetos com Halo Compacto e Grande Massa (Massive Astrophysical Compact Halo Objects, ou MACHOs, na sigla em inglês). Astrônomos adoram acrônimos, mormente os de própria autoria. Basicamente falando, MACHOs são corpos celestes comuns, tais como buracos negros e estrelas de nêutrons, corpos que, na escala astronômica, são fisicamente tão pequenos que é difícil detectá-los ou observá-los, mas também são tão pesados que, em conjunto, poderiam ser a fonte da força gravitacional complementar necessária à retenção gravítica dessas estrelas periféricas.

Acontece que hoje conseguimos medir essa aparente deficiência de massa com muito mais precisão do que Jan Oort tinha condições de fazer. As coisas que conseguimos ver englobam apenas algo entre 10-12% da massa da Via Láctea. É uma diferença muito grande para que MACHOs consigam supri-la sozinhos. De vez em quando, somos capazes de localizar um MACHO quando ele passa na frente de uma estrela distante e amplifica sua luz com microlenteamento gravitacional (pág. 146). Ainda não vimos um número suficiente desses fenômenos para proporm os que existe uma verdadeira multidão de MACHOs pelo menos perto de algo grande o bastante para solucionar o problema da rotação.

Portanto, os astrônomos agora acham que a matéria escura talvez se apresente na forma de WIMPs (Weakly Interacting Massive Particles, na sigla em inglês, ou Partículas Maciças de Fraca Interação). De fraca interação porque não se inter-relacionam com a luz (por isso, não conseguimos vê-las). Maciças porque são entes materiais que suprem o considerável déficit de matéria necessária ao fenômeno da retenção gravítica das estrelas em questão. Ao contrário dos MACHOs, WIMPs são entes que nunca vimos antes. São um novo tipo de matéria, uma espécie imaginada pelos estudiosos da física de partículas para explicar a rotação das galáxias.

Tudo que vemos ao nosso redor é feito de partículas a partir do Modelo Padrão — é uma espécie de livro de receitas do cosmos, progressivamente enriquecido pelos especialistas em física de partículas ao longo de muitas décadas. O problema é que nenhum dos ingredientes presentes no Modelo Padrão se comporta como matéria escura. Contudo, os físicos vêm trabalhando numa ampliação do Modelo Padrão denominada supersimetria (vimos isso quando tratamos da teoria das supercordas (págs. 140-1)). É uma teoria que propõe que toda partícula descrita no Modelo Padrão tem uma partícula reflexa. Enfim, WIMPs poderiam ser as mais leves dessas partículas supersimétricas — o *neutralino*.

A busca de WIMPs

Em uma mina de ouro abandonada, situada 1,5km no subsolo da Dakota do Sul, existe um tanque de titânio contendo 368kg de xenônio líquido resfriado a −100°C. Ao mesmo tempo, na Antártida, detectores instalados em profundas camadas de gelo estão prontos para entrar em operação. No Grande Colisor de Hádrons, na Suíça, partículas colidem umas com as outras a uma velocidade próxima à da luz. Nos céus da Terra, o aparato científico AMS-02 (Espectrômetro Magnético Alfa, sigla em inglês de Alpha Magnetic Spectrometer) orbita o globo a cada 92 minutos preso à Estação Espacial Internacional (ISS, na sigla em inglês). Os físicos estão usando esses instrumentos para tentar encontrar os mais procurados corpos celestes do universo: os WIMPs. Se a matéria é realmente um produto de supersimetria, então físicos de partículas que trabalham no CERN precisam de provas de que a supersimetria é mais do que apenas uma bela teoria no papel.

Se WIMPs realmente existem, um deles atinge seu corpo a cada minuto. No entanto, detectá-los quando há tantas outras coisas ocorrendo ao nosso redor é quase impossível. Por isso, na mina da Dakota do Sul, o Grande Detector Subterrâneo de Xenônio (LUX, na sigla em inglês) fica protegido por um invólucro de rochas e água. O aparelho foi projetado para captar jatos de radiação luminosa causados por um WIMP errante que atingiu o xenônio.

Os detectores do projeto IceCube, instalados perto do Polo Sul, são preservados de maneira semelhante, protegidos pela tundra congelada. Eles estão à procura de evidências indiretas da existência de WIMPs. Se a galáxia contém matéria escura, então talvez o Sol recolha parte dessa matéria com sua força gravitacional, em seu movimento orbital pela galáxia. Isso faria com que WIMPs acabassem colidindo uns com os outros nas entranhas da nossa estrela. Cálculos indicam que isso produziria neutrinos de alta energia que conseguiriam sair do Sol — é isso que o IceCube está procurando.

Por fim, temos o Espectrômetro Magnético Alfa, experimento que, operando de carona na ISS, está sendo usado para observar o movimentado bojo central da Via Láctea. Com a matéria mais densamente compactada nessa região, colisões de WIMPs devem ser mais comuns. Acredita-se que esses fenômenos criem uma quantidade imensa de pósitrons (o equivalente antimaterial de elétrons). Se acharmos pósitrons em abundância perto do centro galáctico, eis aí a nossa prova definitiva. Porém, o mais tentador nisso tudo é que realmente detectamos a ocorrência de uma rajada de pósitrons nessa região. Todavia, os astrônomos não podem ainda desconsiderar a possibilidade de haver explicações menos extravagantes para o fenômeno.

CAPÍTULO CINCO: AS GALÁXIAS

O AMS-02 orbitando a Terra de carona na ISS está sendo usado para detectar um aumento repentino de pósitrons criados por colisões de matéria escura no coração da Via Láctea.

Como se pode ver, os físicos não têm medido esforços para tentar captar ou detectar WIMPs. Contudo, até agora, nenhuma de suas buscas deu resultado. Ainda assim, é a melhor ideia que temos para tentar realizar o feito, mas, se não acharmos um deles em breve, talvez tenhamos de voltar à estaca zero, em busca de novos caminhos. Aliás, defensores de uma ideia totalmente diferente — o chamado MOND — viram nessas tentativas frustrantes uma oportunidade para pô-la em prática e estão se preparando para serem chamados a intervir.

Dinâmica Newtoniana Modificada (MOND)

Precisamos levar em conta a hipótese da existência da matéria escura para explicar por que achamos que não existe força gravitacional suficiente nas galáxias que justifique a velocidade do movimento orbital de suas estrelas. Por isso, tivemos de inventar essa matéria invisível para que suprisse tal deficiência.

Mas e se o problema estiver no fato de que não entendemos muito bem a forma pela qual a gravitação universal realmente funciona? E se não vemos no fenômeno a existência de gravidade suficiente porque, na verdade, não sabemos o modo pelo qual essa força funciona em escalas astronômicas mais vastas, como a das galáxias? É exatamente isso que os defensores da teoria da Dinâmica Newtoniana Modificada (MOND, na sigla em inglês) questionam. MOND é a ideia segundo a qual a gravidade não é a lei universal imaginada por Newton — de acordo com os seus adeptos, ela requer certa modificação em escalas astronômicas maiores. Ela foi proposta originariamente pelo físico israelense Mordehai Milgrom em 1983.

O HALO GALÁCTICO

A galáxia espiral aparenta ser achatada, mas essa impressão é porque se trata apenas da parte visível dela. Parece que a Via Láctea está envolta por um halo gigantesco de matéria escura. Esse halo tem o formato de uma bola de praia comprimida, com mais matéria escura acima e abaixo do disco do que nas laterais.

Astrônomos fizeram o mapeamento deste nosso corpo celeste como um todo acompanhando a dinâmica de galáxias anãs que orbitam a Via Láctea. Nossa galáxia tem cerca de 50 desses pequenos satélites galácticos, cada um deles com um número de estrelas muito menor do que o de uma galáxia como a Via Láctea (págs. 169-70). Assim como usamos estrelas orbitando outros astros estelares para avaliarmos as características do supergigantesco buraco negro Sgr A*, usamos também as nanicas galáxias-satélites para avaliarmos as da Via Láctea.

O halo galáctico contém também muitos aglomerados globulares (págs. 124-5). Esses densos grupos de estrelas antigas são espetaculares quando vistos com binóculos ou um telescópio. Pelo menos 40% dos aglomerados globulares da Via Láctea têm órbita retrógrada — seu movimento orbital segue na direção contrária ao das outras estrelas do disco galáctico. Assim como no caso de luas de órbita retrógrada de nosso sistema solar, talvez isso signifique que são corpos celestes capturados por outros astros maiores.

A aceleração de uma estrela típica girando em torno de uma galáxia espiral é 10 bilhões de vezes menor do que aquela que a presumível maçã sofreu quando caiu, no famoso episódio do lampejo intelectual de Newton. Milgrom argumentou que, tendo em vista essas acelerações minúsculas, precisamos modificar as equações de Newton. Teóricos da MOND afirmam que corpos celestes existentes em ambientes de gravidade fraca sofrem uma atração gravitacional mais forte do que a que normalmente poderíamos esperar.

O AGLOMERADO DA BALA

Situado a quase 4 bilhões de anos-luz da Terra, o Aglomerado da Bala é, na verdade, formado por dois aglomerados de galáxias em processo de colisão. Astrônomos fizeram um estudo da forma pela qual gás quente é espalhado pelo corpo resultante da fusão. Eles se basearam também no fato de que o aglomerado encurva a luz provinda de corpos celestes distantes — microlenteamento gravitacional — para saber o modo pelo qual a massa é distribuída no interior do corpo fundido (pág. 146).

Existe nele uma clara separação entre o gás quente e a maior parte da massa. Portanto, a maior parte da massa deve ser invisível. Muitos consideram isso a prova definitiva da existência da matéria escura e evidência irretorquível da invalidade da MOND. Todavia, nos últimos anos, os defensores da MOND apresentaram argumentos para explicar essa discrepância também.

Críticos da ideia da existência da matéria escura citam também a questão da velocidade com que os aglomerados colidem: 3.000km/s. Velocidades tão altas assim não apareceram nos primeiros modelos de simulação computadorizada da existência de matéria escura. Agora tais modelos foram aperfeiçoados para se enquadrarem nessa realidade. Em todo caso, o Aglomerado da Bala continua a ser uma questão muito polêmica.

Para que qualquer teoria científica seja levada a sério, ela precisa ser capaz de fazer previsões testáveis. Defensores da MOND usaram suas equações modificadas para prever as órbitas de 17 galáxias anãs revolucionando em torno de Andrômeda (a galáxia de grande porte que se acha mais próxima da Via Láctea). E eles acertaram na mosca.

Contudo, a MOND permanece na condição de teoria mirabolante. A maioria dos astrônomos e dos cosmólogos dá mais crédito à hipótese da existência da matéria escura. Isso se deve principalmente à ideia de que a possibilidade de a matéria escura ser um ente material ajuda a explicar como estruturas se formaram nos primórdios do universo. A possível atração gravitacional de matéria escura ajudou a conglomerar matéria comum para a criação de estrelas e galáxias num universo em expansão após o Big Bang.

Ela explica também por que Andrômeda e a Via Láctea estão atualmente em rota de colisão (págs. 172-3). O fato de terem se contraposto ao movimento de expansão do universo e de que agora estão se dirigindo uma em direção à outra indica que precisa haver uma atração gravitacional entre elas equivalente à de uma quantidade 80 vezes maior de matéria nas galáxias do que a das estrelas que podemos ver.

A Equação de Drake

Muito antes de terem descoberto o primeiro exoplaneta, astrônomos se questionavam a respeito da possibilidade de haver vida em outras partes do universo. Em 1600, Giordiano Bruno argumentava que as estrelas são apenas versões distantes do Sol, com planetas em sua órbita e talvez até abrigando seres vivos (pág. 29).

No início da década de 1960, Frank Drake, um americano especializado em radioastronomia, criou uma forma de tentar calcular quantas civilizações inteligentes talvez existissem na Via Láctea. Ele apresentou seu trabalho na primeira reunião dos participantes do projeto SETI (Search for Extraterrestrial Intelligence, ou Busca de Civilizações Extraterrestres Inteligentes). Como radioastrônomo, ele estava interessado principalmente em tentar descobrir o número de civilizações extraterrestres com as quais talvez fosse possível estabelecer contato.

A Equação de Drake é um exercício de probabilidades. Para saber a probabilidade de dois acontecimentos ocorrerem, é necessário multiplicar os fatores individuais de suas probabilidades. Por exemplo: as chances de dar coroa duas vezes seguidas num cara ou coroa é de ¼ (½ x ½). Drake percebeu a existência de sete fatores-chave envolvidos na possibilidade de um planeta ter ou não uma civilização inteligente capaz de se comunicar com outra por sinais de rádio. Neste caso, uma estrela deve ter um planeta *e* esse planeta tem de apresentar condições de abrigar vida, *e* a vida tem de surgir lá, *e* esta tem de desenvolver seres vivos inteligentes etc.

Drake multiplicou os fatores dessas probabilidades para achar uma estimativa do número de civilizações com possibilidade de serem contatadas na Via Láctea. Sua resposta inicial foi de que poderia haver, no mínimo, 1.000 delas. Porém, se usarmos valores mais modernos nessa conta, esse número mostra-se consideravelmente menor, às vezes equivalente a um punhado de possíveis civilizações. Talvez isso explique por que não encontramos nenhuma prova da existência de outras civilizações avançadas até agora, mas os astrônomos prosseguem em suas buscas.

A Busca de Civilizações Extraterrestres Inteligentes (SETI)

Nossa busca por sinais de vida alienígena usando radiotelescópios começou para valer no início da década de 1960. Em abril de 1960, e por mais quatro meses, Frank Drake virou o telescópio de Green Bank, Virgínia Ocidental, com sua antena discoidal de 26m de diâmetro, na direção das estrelas Tau Ceti e Epsilon Eridani. Mas não captou nada de importante.

Todavia, assim como ouvintes de rádio têm à disposição uma série de estações para ouvir, em qual frequência os astrônomos deveriam sintonizar seus instrumentos de sondagem cósmica? Drake escolheu uma frequência próxima a 1420 MHz. Porquanto, é não só uma faixa silenciosa do espectro de radiofrequência, mas também uma que fica entre as frequências naturais do hidrogênio (H) e da hidroxila (OH).

O PARADOXO DE FERMI

Onde está todo mundo? Esta pergunta simples é conhecida como o Paradoxo de Fermi. A questão é uma homenagem ao físico ítalo-americano Enrico Fermi.

Aparentemente, a vida no universo deveria ser algo comum. Afinal, como existem *trilhões* de estrelas e planetas lá fora, são igualmente numerosas as chances de seres vivos extraterrestres acabarem aparecendo em outras partes do universo. Visto também que existem estrelas bem mais velhas do que o Sol, deveria haver planetas habitáveis bem mais antigos do que a Terra, com civilizações muito mais avançadas do que a nossa.

Contudo, se há realmente tanta vida assim espaço sideral afora, por que ainda não vimos nem soubemos de um indiciozinho qualquer de sua existência? Na Terra, descobrimos fósseis de dinossauros e artefatos produzidos pelas primeiras espécies de hominídeos que viveram no planeta. Porém, nunca encontramos o equivalente arqueológico no espaço que indicasse a existência de outros seres vivos na Via Láctea agora ou num passado remoto.

Alguns astrônomos argumentam que isso acontece porque somos mesmo os únicos seres vivos na Via Láctea. Já outros ponderam que civilizações se extinguem antes que tenham chance de serem descobertas ou conhecidas por outras. Apesar das dificuldades, continuamos de ouvidos atentos a eventuais sinais vindos do espaço, em busca da descoberta da possível existência de vizinhos, tanto do passado quanto do presente.

Especialistas em radioastronomia perceberam que, combinados, esses componentes formam água (H_2O). Assim, essa lacuna foi apelidada de "bebedouro" — uma parte tranquila do espectro de radiofrequência em que alienígenas talvez escolham para se encontrar e conversar, tal como fazem os animais que se encontram às margens de fontes na savana, se bem que apenas em busca de água.

Desde o trabalho inicial de Drake, astrônomos vêm fazendo um esforço conjunto para esquadrinhar os céus nessas frequências. Mas fazer sondagens até nas regiões das estrelas mais próximas nesta estreita faixa significa realizar buscas através de 242 bilhões de possíveis canais de ondas de rádio. Em 2015, o projeto SETI recebeu um incentivo considerável, quando o bilionário russo Yuri Milner resolveu investir 100 milhões de dólares na solução do problema. O resultante projeto *Breakthrough Listen** representará a busca mais ampla de possíveis contatos com alienígenas empreendida até hoje.

No entanto, em seis décadas de tentativa de escuta, nunca ouvimos nada que pudesse ser considerado convincentemente alienígena. Existe, porém, um sinal que continua intrigantemente inexplicado: o sinal apelidado de Uau! (Wow!, em inglês), captado em 1977. Essa interjeição foi grafada num impresso do radiotelescópio Big Ear (Orelhão), de Ohio, um registro que apresenta todas as características de algo de origem alienígena. Uma forte emissão de sinais de rádio, com 72s de duração, deixou o astrônomo Jerry R. Ehman tão empolgado que ele circundou os dígitos correspondentes e escreveu "Wow!" com caneta vermelha ao lado deles. Mas nunca mais voltamos a ouvi-los e não temos como provar que vieram de extraterrestres. Eles poderiam ser o documento de maior importância histórica da civilização terrestre, mas também não ser nada. É um tipo de frustração muito comum entre os participantes do SETI.

O Grupo Local

As Nuvens de Magalhães

O explorador português Fernão de Magalhães atravessou o equador em direção ao Sul durante suas tentativas de circum-navegação da Terra no século 16. A partir dessa região, notou a presença de duas nuvens no céu, deslocando-se pela noite, à medida que a Terra girava. Embora ele não soubesse disto na época, o que andou observando era matéria cósmica situada além da Via Láctea. Por isso, até hoje, conhecemos essa dupla de corpos celestes como Nuvens de Magalhães.

---

* Algo como "Descoberta Revolucionária" (por meio de escuta). (N. T.)

Elas fazem parte do que se chama Grupo Local — um aglomerado de corpos celestes que faz jus ao nome, pois é um dos vizinhos celestes mais próximos da nossa galáxia — incluindo outras galáxias anãs que orbitam a Via Láctea e as Galáxias de Andrômeda e do Triângulo (pág. 171). Quase exclusivamente visível apenas a partir de latitudes austrais, as Nuvens de Magalhães são fáceis de localizar a olho nu, já que abarcam as Constelações de Dorado, Mensa, Tucana e da Hidra Macho (Hydrus).

A Grande Nuvem de Magalhães (GNM) tem 14.000 anos-luz de diâmetro e está situada a 160.000 anos-luz daqui. No céu noturno, ela parece ter um diâmetro equivalente a nada menos do que 20 luas cheias. É o corpo celeste onde fica também a Nebulosa da Tarântula — a mais ativa região de formação de estrelas em toda a extensão do Grupo Local. Em 1987, uma supernova explodiu perto da borda dessa nebulosa. Conhecida como SN 1987a, foi a mais próxima supernova a explodir desde a chamada Supernova de Kepler, observada no ano de 1604. Foi uma explosão tão brilhante que pôde ser vista a olho nu.

Já a Pequena Nuvem de Magalhães (PNM) tem mais ou menos metade do tamanho da outra e fica a 40.000 anos-luz daqui. Interações gravitacionais com a GNM criam a chamada Ponte Magnética de Magalhães — uma faixa de gás hidrogênio que se entende pela região do espaço entre as duas, aparentemente sem mais nada ao longo da sua extensão. Um fenômeno semelhante cria a denominada Corrente de Magalhães, ligando as Nuvens de Magalhães e a Via Láctea em si. A existência de uma barra inconfundível no centro da GNM indica que ela pode ter sido uma galáxia espiral anã que fora desprovida dos braços espirais, muito tempo atrás, pela força gravitacional das suas vizinhas.

Variáveis Cefeidas

Em 1908, a astrônoma americana Henrietta Swan Leavitt publicou um dos mais importantes estudos da história da astronomia. Ela o intitulou "1777 variáveis nas Nuvens de Magalhães".

As variáveis em questão eram as *variáveis Cefeidas*. Essas estrelas se expandem e contraem, fenômeno que provoca regularmente uma mudança de brilho nelas. Elas funcionavam também como um instrumento de valor inestimável para medir distâncias no espaço, fazendo parte de um grupo de recursos de medições astronômicas conhecidos como *velas padrão*. Astrônomos usam a técnica da paralaxe para descobrir as distâncias das estrelas mais próximas (pág. 119). Entretanto, com o tempo, estrelas ficam tão distantes que essa técnica não funciona mais. É aí que as velas padrão entram em cena.

Imagine uma situação em que você ficasse olhando para uma lâmpada na janela de um edifício distante. Quanto mais distante você estivesse de lá, mais fraca a luz lhe pareceria, pois ela se dissipa a distância. Se soubesse a capacidade de iluminação da lâmpada (digamos 40 ou 60W), poderia calcular a diminuição do seu brilho e, desse modo, a que distância você estaria do edifício.

Podemos fazer a mesma coisa no espaço, mas o problema é que estrelas não têm seu grau de luminosidade claramente indicado em alguma parte delas. É por isso que o trabalho de Henrietta Swan Leavitt sobre variáveis Cefeidas foi tão valioso. Ela descobriu que Cefeidas mais luminosas levam mais tempo para sofrer variação em seu brilho. Assim que encontramos uma, é só ficarmos observando e esperar para ver quanto tempo ela demora para sofrer essa variação e, desse modo, descobrirmos sua verdadeira luminosidade. Como no exemplo da lâmpada, fica então fácil saber a que distância a estrela se acha de nós.

Tal como veremos, obtivemos avanços gigantescos em nossa compreensão do universo e de suas origens nas primeiras décadas do século 20. Mas é difícil imaginar que algum deles tivesse sido possível sem a contribuição de Henrietta e seu modo preciso de medir distâncias astronômicas em casos em que a técnica da paralaxe deixa de funcionar.

As Galáxias de Andrômeda e do Triângulo

O céu noturno é um colírio para os olhos. Meteoros, cometas, planetas, estrelas, aglomerados globulares, nebulosas, estrelas binárias, enfim, é muita coisa para contemplar. Mas quais os corpos celestes que podemos ver sem binóculos ou telescópios? São as galáxias mais próximas de nós.

Aninhado entre as estrelas da Constelação de Andrômeda, quase invisível aos olhos humanos, existe um corpo celeste que parece uma difusa porção de luz. É como se alguém houvesse lambido o polegar, estendido o braço e manchado a escuridão intensa. Esse corpo é a Galáxia de Andrômeda — a galáxia de grande porte mais próxima da nossa Via Láctea. Embora contenha 1 trilhão de estrelas, dá a impressão de que não passa de uma rarefeita nuvem passageira no céu noturno. Isso se deve ao fato de que se acha a uma distância incrível de nós — a assombrosos 2,5 milhões de anos-luz daqui. Apesar de a luz viajar a 300.000km/s, leva 2,5 milhões de anos para percorrer toda a distância que nos separa de Andrômeda. Não é de surpreender que, em condições normais, quase não consigamos vê-la.

Quando observamos a irradiação luminosa emanada por Andrômeda, estamos vendo luz com 2,5 milhões de anos de idade. Os modernos seres humanos nem sequer existiam neste planeta quando essa luz que chega hoje aqui havia partido de lá. Ao contrário, nossos ancestrais, primatas conhecidos como *Australopithecus*, estavam apenas começando a transformar pedras nas primeiras ferramentas primitivas dos primórdios da Idade da Pedra.

Portanto, nesse sentido, qualquer forma de vida alienígena inteligente que porventura existiu então em Andrômeda, possuidora de telescópios suficientemente potentes para dar uma espiada na Terra de uma região tão longínqua assim, os *Australopithecus* seriam os únicos tipos de humanoides que ela veria. Os tais alienígenas ficariam sem saber que seus descendentes criavam vasos flutuantes usando troncos de árvores mortas para explorar os oceanos. Ou que, por sua vez, os pósteros desses humanoides conquistaram um novo oceano — desta vez escuro, e não azul — com o lançamento ao espaço de gigantescas naves metálicas.

Você ouvirá dizer que Andrômeda é o corpo celeste mais distante de nós que podemos ver sem o uso de binóculos ou telescópios. Na maioria das vezes, isso é verdade. Porém, as pessoas com visão perfeita talvez consigam avistar também a Galáxia do Triângulo a partir de um local de observação bem escuro. É a terceira maior galáxia do Grupo Local e fica a 3 milhões de anos-luz do nosso planeta. Parece que a Triângulo está sofrendo perturbações gravitacionais de Andrômeda, com uma corrente de hidrogênio entre elas ocupando uma parte do espaço correspondente a 782.000 anos-luz de extensão.

Milkômeda

Andrômeda e a Via Láctea estão se aproximando uma da outra. O hiato entre as duas galáxias vem se fechando a um ritmo de 100km/s, numa velocidade de aproximação que só aumenta. É provável que, dentro de cerca de 4 bilhões de anos, as duas gigantescas cidades de estrelas colidam.

Talvez isso até pareça catastrófico, mas galáxias espirais não são corpos sólidos e, por isso, essa colisão não será como algo semelhante a dois carros batendo de frente. Em vez disso, os discos galácticos se entrelaçarão uns com os outros, fazendo a força gravitacional lançar vastas cadeias de estrelas e poeira cósmica para a região externa de suas volutas, espaço afora. Com o tempo, elas se fundirão numa supergaláxia que astrônomos apelidaram de *Milkômeda*. A nova galáxia será orbitada pela Galáxia do Triângulo, que Andrômeda arrastará consigo durante sua aproximação da Via Láctea.

Modelos de simulação computadorizada desse fenômeno indicam que existe uma chance de 12% de o Sol ser lançado para fora da galáxia durante a fusão, tornando-se um corpo nômade no espaço intergaláctico. Mas não se preocupe. Até lá, o Sol terá assado nosso planeta, transformando-o num inferno sem vida (págs. 128-9). Contudo, talvez possamos nos consolar com o fato de que Andrômeda nos proporcionará uma visão cada vez mais espetacular, à medida que for se aproximando. Ela já pode ser observada com um diâmetro aparentemente seis vezes maior do que o da Lua cheia.

Fusões galácticas são muito comuns no universo e têm sido estudadas por inúmeros astrônomos. Um dos exemplos mais famosos é o das Galáxias das Antenas, na Constelação do Corvo. O nome vem das correntes de gás expelidas da região central em direção ao espaço intergaláctico — é que essas correntes se parecem com antenas de inseto. As duas galáxias colidiram há pouco mais de 1 bilhão de anos, fazendo com que nuvens de gás e poeira cósmica se fundissem e ocasionando um período de intensa formação de estrelas.

Outra fusão de galáxias muito conhecida é a da Galáxia do Redemoinho. Nessa fusão, a galáxia principal tem uma companheira chamada NGC 5195 — uma galáxia anã que parece ter atravessado o disco principal da outra há uns 500 milhões ou 600 milhões de anos.

Galáxias Distantes

Aglomerados e superaglomerados

Quando transferimos o foco de nossas observações do Grupo Local para regiões mais distantes do espaço, acabamos nos deparando com outros aglomerados de galáxias. Alguns dos mais próximos são os grupos M81, o M51 e

M101, assim designados com base na maior das respectivas galáxias que os compõem. Eles fazem parte do Superaglomerado de Virgem, uma estrutura colossal contendo mais de 100 grupos de galáxias, incluindo nosso próprio Grupo Local. O superaglomerado se estende por um raio de mais de 100 milhões de anos-luz. O universo observável contém cerca de 10 milhões desses superaglomerados.

Formar um quadro claro dessa estrutura em nossas cabeças pode ser complicado. Mas compará-la a algo com o qual estejamos mais familiarizados pode ajudar. Imagine que nosso sistema solar seja uma casa, com o Sol e o nosso planeta formando os quartos. Os sistemas exoplanetários descobertos até agora pelo Telescópio Espacial Kepler e outros mais seriam as outras casas da rua — separadas umas das outras, mas muito próximas entre si.

O AGLOMERADO DE VIRGEM

O nome do enorme Superaglomerado de Virgem se origina da denominação do maior e mais central de seus aglomerados: o Aglomerado de Virgem. Nosso Grupo Local contém algo entre 50 e 60 galáxias, mas o Aglomerado de Virgem conta com nada menos que cerca de 2.000 dessas estruturas celestes. Sua massa total equivale a mais de 1 trilhão de sóis.

Uma de suas galáxias mais estudadas — M87 — é orbitada por 12.000 aglomerados globulares (algo espantoso se comparado com os 150 da Via Láctea). Ela tem um buraco negro central supergigante, e massa equivalente a 7 bilhões de sóis. Para ter uma ideia dessa enormidade, compare com os meros 4 *milhões* de sóis em Sgr A*, na Via Láctea.

Um nítido jato de matéria quente se projeta para fora, a partir do centro da M87, por uma extensão de quase 5.000 anos-luz. O material desse jato é acelerado a uma velocidade próxima à da luz pela força gravitacional do buraco negro central e expelido da galáxia. Astrônomos esperam aprender mais a respeito dele usando o Telescópio do Horizonte de Eventos (pág. 157).

Você mesmo pode observar a M87 e muitos dos componentes do Aglomerado de Virgem usando um pequeno telescópio. O aglomerado pode ser avistado numa área do céu correspondente a 10 minutos de grau, localizada entre as estrelas Denebola, na Constelação de Leão, e a Vindemiatrix, na Constelação de Virgem.

Afastando-se da rua, a próxima coisa que veríamos seria a cidade. Como, por assim dizer, galáxia é apenas uma cidade de estrelas, nossa Via Láctea é o equivalente à nossa cidade natal no espaço. Ela tem até centros urbanos mais movimentados em seu bojo central e mais tranquilos subúrbios em regiões mais afastadas dele, na parte da galáxia em que vivemos.

Na Terra, países são formados por um conjunto de cidades. No espaço, galáxias formam grupos denominados aglomerados. Países, por sua vez, são partes constituintes de gigantescas massas de terra denominadas continentes. Aglomerados galácticos formam também grupos gigantescos chamados superaglomerados. Assim como o mundo é formado por continentes, o universo observável se constitui de superaglomerados.

Na Terra	No Espaço
Sua casa	Sistema solar
Sua rua	Exoplanetas
Sua cidade	Via Láctea
Seu país	Grupo Local
Seu continente	Superaglomerado de Virgem
Terra	Universo observável

Classificação das Galáxias

Nem todas as galáxias são espirais. A M87, por exemplo, é elíptica. Mais parecida com um aglomerado de estrelas no formato de bola de rúgbi, não tem esteiras de poeira ou braços espirais perceptíveis. Ao contrário de galáxias espirais, cujo formato é mais achatado, as elípticas também têm rotação bem mais lenta.

No início, galáxias eram classificadas usando a sequência de Hubble, assim denominada em homenagem ao astrônomo americano Edwin Hubble. Seu sistema de classificação contém três tipos de galáxias: elípticas, espirais e lenticulares (discos planos com braços espirais praticamente inexistentes).

Nos primórdios de seu estudo comparativo, Hubble organizou essas galáxias num diagrama em forma de forquilha. Muitas pessoas acreditam, equivocadamente, que ele estava querendo mostrar com isso a forma pela qual galáxias evoluem, num processo que começava com elas apresentando uma configuração elíptico-esferoidal que, aos poucos, passava a girar de maneira cada vez mais rápida, até que se achatava, ganhava depois a forma lenticular e, mais tarde, desenvolvia braços espirais. Mas essa nunca foi a intenção de Hubble e hoje confirmamos que galáxias não evoluem dessa forma. Mesmo assim, o esquema da forquilha de Hubble continua a ser um método de classificação morfológica de galáxias de grande valia.

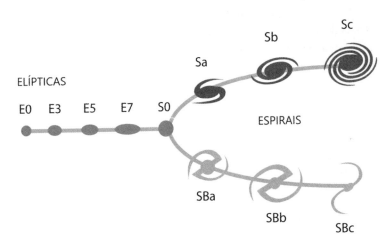

O diagrama da forquilha de Edwin Hubble mostra os diferentes tipos de galáxias: elípticas (E), lenticulares (S0) e espirais (S).

Nesse método, as elípticas são assinaladas com a letra E, seguida por uma numeração entre 0 e 7. Quanto maior o número, mais elíptica é a galáxia. O símbolo designativo das lenticulares é S0. Galáxias espirais sem uma barra central são indicadas com Sa, Sb ou Sc, numa progressão alfabética da segunda letra do grupo em que os braços espirais se apresentam cada vez menos encurvados quanto mais avançada for a letra no alfabeto. Às vezes, a galáxia pode pertencer a dois grupos, por exemplo, Sbc. Espirais barradas são grafadas com as letras SBa, SBb ou SBc.

> ## O CATÁLOGO DE MESSIER
>
> A observação do céu noturno com um telescópio ou binóculo pode nos revelar a existência de muitos corpos celestes com aparência nebulosa e difusa. Alguns são aglomerados ou nebulosas estelares da nossa própria galáxia. Outros são galáxias distantes, como Andrômeda.
>
> No século 18, o astrônomo francês Charles Messier criou um catálogo desses corpos. Caçador de cometas, sua intenção era registrar por escrito qualquer ente cósmico que pudesse ser confundido com um cometa. Corpos celestes na lista elaborada por ele são designados como M1, M2, M3 etc.
>
> Muitos dos corpos celestes espetaculares que descobrimos até agora estão presentes no catálogo de Messier. A Nebulosa do Caranguejo — o remanescente originário da supernova 1054 — é o M1 (pág. 130). As Galáxias de Andrômeda e do Triângulo são o M31 e o M33, e acabamos de visitar o M87 com nossos telescópios. A Galáxia do Redemoinho, com sua companheira turbulenta, é o M51.
>
> A lista final de Messier continha 103 itens, em que o último era um aglomerado aberto próximo à região onde se acha a Constelação de Cassiopeia. Contudo, astrônomos ampliaram esse número com o passar dos anos. Agora a lista vai até o M110 — uma galáxia anã que orbita a Galáxia de Andrômeda.

Mas o método tem suas desvantagens. Porquanto a forma pela qual classificamos uma galáxia depende do ângulo do qual a estejamos observando. Uma antiga galáxia espiral que tenha perdido a maior parte de seus braços pode ser facilmente confundida com uma galáxia elíptica se a estivermos observando de frente. Em 2011, a equipe de astrônomos responsável pelo projeto de mapeamento galáctico ATLAS^{3D} descobriu que dois terços das galáxias locais que haviam sido classificados anteriormente como elípticos eram, na verdade, formados por galáxias com discos de alta velocidade rotatória.

Núcleos Galácticos Ativos (NGAs)

Tal como vimos, a região central da Galáxia M87 é bem mais agitada do que o bojo da nossa Via Láctea. Por isso, astrônomos chamam a M87 de galáxia *ativa* e sua região central de Núcleo Galáctico Ativo (NGA). A Via Láctea não é considerada uma galáxia ativa.

Tudo depende de quanto o buraco negro supergigantesco da galáxia está absorvendo. Quando muita matéria é absorvida pelo buraco negro, isso forma um disco de acreção — basicamente, um enorme círculo de matéria achatado e giratório na iminência de ser engolido pelo buraco negro. À medida que gás e poeira giram cada vez mais rápido, a fricção que isso provoca aumenta repentinamente a temperatura dessa matéria, e esta, agora superaquecida, fica incandescente e impregnada de raios X e luz ultravioleta de alta energia. O centro de uma galáxia ativa geralmente emite mais energia do que todo o restante dela. Alguns NGAs são tão poderosos que seu brilho pode ser superior ao de mil galáxias como a Via Láctea.

E NGAs podem também apresentar um aumento súbito e intenso em seu brilho — a quantidade de energia que ele emite sofre um pico tremendo, persistindo, entretanto, o fenômeno por curto espaço de tempo. Acredita-se que isso se deva ao fato de que o buraco negro supergigante esteja *devorando*, por assim dizer, um prato de matéria cósmica bem grande. Astrônomos conseguem descobrir o tamanho da refeição medindo a duração do pico na emissão de energia radiante. Provavelmente, um clarão estelar com duração de uma semana é causado pela explosão de uma nuvem de gás com uma semana-luz de diâmetro (1/52 avos de 1 ano-luz).

Em cerca de uma em cada dez galáxias ativas, inter-relações entre o disco de acreção e o campo magnético do buraco negro canalizam parte dessa matéria, formando com ela jatos simétricos, lançados em ângulos retos contra o disco. É o que está acontecendo na M87. Contudo, esses jatos não estão saindo do interior do buraco negro em si — isso ainda é impossível. Eles são expelidos pelo disco de acreção, que fica perto do horizonte de eventos.

Quasares e blazares

Os mais poderosos NGAs podem ser vistos em áreas remotíssimas do universo. No início, observadores acharam que eram estrelas, mas medições de sua distância revelaram que a maioria deles se encontra a bilhões de anos-luz daqui. Como nenhuma estrela comum tem brilho suficiente para ser vista de uma distância tão grande assim, eles foram apelidados de "corpos quase estelares". Mais tarde, essa expressão foi abreviada para quasar.

Aquilo que astrônomos chamam de NGA depende do ângulo de que se observa. Se por acaso, em razão da posição do NGA na região do espaço em relação ao observador, você estiver observando-o com o eixo de um de seus jatos voltados para si, então esse corpo celeste será chamado blazar. Como esses jatos são estreitíssimos, blazares são corpos celestes muito compactos. São também bastante variáveis, já que a força dos jatos de NGAs depende de quanto gás o buraco negro do centro galáctico está consumindo.

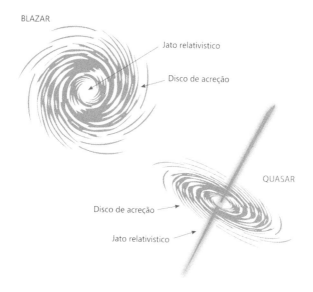

Astrônomos chamam NGAs de quasares ou blazares, dependendo do ângulo em que os vemos.

Observar corpos celestes longínquos, tais como quasares e blazares, é o mesmo que lançar um olhar sobre o passado. Imagine uma situação em que você recebesse um cartão-postal de um amigo falando a respeito das férias dele. Assim que o lesse, você não tomaria conhecimento do que ele estava fazendo quando, vários dias antes, registrou essas informações no cartão. Afinal, como leva tempo para que a mensagem chegue ao destino, cartões-postais sempre transmitem notícias do passado, e não do presente. É o mesmo que acontece com a luz e o espaço.

Quando vemos um corpo situado a bilhões de anos-luz de distância, significa que sua luz levou bilhões de anos para alcançar a Terra. Portanto, o que vemos é uma imagem do universo que existiu há bilhões de anos. Astrônomos descobriram que a maioria dos quasares e blazares se encontra a enormes distâncias da Terra, o que significa que eram mais comuns no universo primitivo em comparação com os tempos atuais.

Deslocamento para o Vermelho

Existem muitos nomes famosos associados à astronomia do século 20, mas Vesto Slipher não é um deles. Ele tem sido um tanto ignorado pela história, mas sua contribuição para a nossa compreensão do universo é de um valor inestimável: em 1912, Slipher se tornou a primeira pessoa a medir o deslocamento para o vermelho de uma galáxia.

Páginas atrás, tratamos da ideia de deslocamentos para o vermelho e para o azul, na parte em que vimos a questão da aplicação do método da descoberta de exoplanetas (págs. 145-6). Quando uma fonte de luz se afasta do observador, suas ondas de luz se expandem e suas linhas espectrais — semelhantes às do código de barras — se deslocam para a extremidade vermelha do espectro eletromagnético. Já no caso da aproximação de um corpo, as linhas se deslocam para a extremidade azul. Quanto mais elas se deslocam, mais rapidamente o corpo está se movendo.

Slipher foi o primeiro astrônomo a analisar com precisão os espectros de galáxias e a descobrir esses deslocamentos. Já em 1921, ele havia examinado um total de 41 galáxias, tendo descoberto que Andrômeda e três outras estavam se movendo em nossa direção (seus espectros apresentam deslocamentos para o azul). Todavia, a maioria das galáxias apresenta deslocamentos para o vermelho — elas estão se afastando da Via Láctea.

Hoje, conhecemos uma centena de galáxias com deslocamentos para o azul, mas centenas de bilhões delas com deslocamentos para o vermelho. Isto significa que quase todas as galáxias do universo estão se afastando da Via Láctea.

O CAMPO ULTRAPROFUNDO DO HUBBLE

O Telescópio Espacial Hubble (TEH) mudou totalmente a nossa compreensão do universo.

Uma de suas fotografias mais famosas é a do Campo Profundo do Hubble. Entre 18 e 28 de dezembro de 1995, astrônomos usaram o TEH para esquadrinhar exaustivamente uma área do céu do tamanho de um grão de areia na palma da mão e observado com o braço estendido. A fotografia com o registro dessa observação se mostrou cheia de pontos, manchas e borrões — indicações das mais distantes galáxias descobertas até hoje. Elas desapareceram nos mais de 13 bilhões de anos necessários para que sua luz chegasse até nós.

Entre 2003 e 2004, astrônomos tiraram uma fotografia semelhante, denominada Campo Ultraprofundo do Hubble. Estimativas feitas com base nessa imagem indicam que o universo observável contém 2 trilhões de galáxias. Cada uma delas tem centenas de bilhões de estrelas, o que significa que existem mais estrelas no universo do que o número de batimentos cardíacos havidos até hoje na história da humanidade. O total de cada batimento cardíaco por segundo de todos os *Homo sapiens* que existiram até os dias atuais ainda é, portanto, mil vezes menor do que o número de estrelas que existem lá fora.

A Lei de Hubble

O nome mais associado a galáxias com deslocamento espectral para o vermelho não é o de Vesto Slipher, mas o de seu colega americano Edwin Hubble. O astrônomo mediu distâncias de galáxias em relação à Terra usando a técnica de variáveis Cefeidas empregada pioneiramente por Henrietta Swan Leavitt (págs. 170-1) e as comparou com os dados de Slipher sobre os deslocamentos para o vermelho de galáxias. Ele descobriu um padrão fenomênico muito simples: quanto mais distante estiver uma galáxia, mais ela apresenta deslocamento espectroscópico para o vermelho. Galáxias mais distantes parecem estar se movendo mais rapidamente de nós do que as que se acham mais perto. Hubble publicou seu estudo em 1931.

Essa regra é conhecida como Lei de Hubble (embora o padre e astrônomo belga Georges Lemaître houvesse publicado uma ideia semelhante em 1929). Um número chamado constante de Hubble indica com que rapidez uma galáxia parece estar se movendo. O valor moderno da constante de Hubble — assinalado com o símbolo H_0 — é de cerca de 21km/s por milhão de anos-luz. Assim, quando uma Galáxia A ficar 1 milhão de anos-luz mais distante de nós do que uma Galáxia B, ela passará a afastar-se de nosso planeta com um aumento em sua velocidade de 21km/s.

Graças à Lei de Hubble, a técnica de medição pelo deslocamento para o vermelho se tornou um ótimo instrumento para medir distâncias no espaço. Tudo que precisamos fazer é medir o espectro de uma galáxia para saber seu deslocamento espectroscópico para o vermelho, antes que possamos usar a Lei de Hubble para convertermos o resultado e acharmos o valor da distância a que está de nós. O corpo celeste mais distante conhecido até hoje — o que apresenta o mais alto deslocamento para o vermelho — é a Galáxia GN-z11, situada a 13,4 bilhões de anos-luz de distância.

O Universo em Expansão

A Lei de Hubble se baseia numa premissa muito simples: quanto mais distante uma galáxia, mais ela parece afastar-se mais rapidamente de nós. No entanto, essa ideia aparentemente insignificante envolve consequências de grande importância. Significa que o universo está se expandindo.

A princípio, talvez não fique óbvio por que a Lei de Hubble indica que vivemos num universo em expansão. Mas quiçá fique se imaginarmos uma situação em que você tem um pouco de massa de bolo cheia de passas que está prestes a pôr no forno para assar. Digamos que, uma hora depois, a massa se expanda e fique duas vezes maior do que seu tamanho original. Ponha-se no lugar de uma das uvas-passas e pense no que você veria. Uma passa que, no início, se achava a 1cm de distância de você acabou ficando 2cm mais longe. Outra que estava na massa a 2cm de você está a 4cm agora. A uva-passa mais próxima parecerá ter-se movido 1cm no intervalo de uma hora, ao passo que a mais distante dará a impressão de ter se afastado 2cm nesse mesmo tempo. Uvas-passas mais distantes aparentarão distanciar-se mais rapidamente.

Portanto, você poderia até concluir que "uvas-passas contidas numa massa de bolo em expansão parecem mover-se 1cm por hora para cada centímetro da distância original". É exatamente isso que a constante de Hubble indica: galáxias se movem a uma velocidade de 21km/s a cada milhão de anos-luz da distância original entre elas e nós. Tal como a massa de bolo se expande, isso acontece com o universo.

Galáxias não estão ficando mais distantes de nós porque se afastam pelo espaço agora. Afinal de contas, as uvas-passas não se movem pela massa. Ao contrário, assim como elas, a distância entre as galáxias aumenta à medida que o espaço existente entre elas se expande. Quanto maior a distância entre nós e uma galáxia longínqua, mais espaço existe para expansão, e elas darão a impressão de que estão sendo levadas mais velozmente para longe de nós.

CAPÍTULO SEIS

O UNIVERSO

O BIG BANG

Origens da ideia

Hubble demonstrou que o universo está se expandindo. Como um universo em expansão era menor ontem, é natural pensar que deve ter sido muito pequeno num passado distante. Isto confere com o trabalho anterior de Alexander Friedmann e Georges Lemaître, realizado na década de 1920. Eles usaram a equação da Teoria da Relatividade Geral de Einstein para propor que o universo tem se expandido com o tempo, a partir de um estado de alta compactação inicial.

Podemos usar a taxa de expansão do universo — a constante de Hubble — para fazer análises retrospectivas e assim calcular quando ela começou. Atualmente, a resposta que obtemos com isso é de 13,8 bilhões de anos atrás. Basta que consideremos de forma analítica a expansão do universo em sentido contrário, ou seja, retrospectivamente, por assim dizer, para que visualizemos mentalmente todas as coisas cada vez mais próximas umas das outras. Se seguimos as proposições da relatividade geral à risca, verificamos que o espaço(tempo) inteiro acaba concentrado numa singularidade — o mesmo ponto infinitamente pequeno e infinitamente denso que, conforme prevê a teoria, fica no centro de um buraco negro. Os conceitos de espaço e tempo deixam de existir numa singularidade.

Combinados, esses indícios assinalam que o tempo e o espaço passaram a existir por volta de 13,8 bilhões de anos atrás, quando um ponto extremamente pequeno e quente explodiu. Astrônomos chamam o acontecimento de Big Bang, ou Grande Explosão. O universo que a explosão criou vem se expandindo e esfriando desde então.

O modelo teórico do estado estacionário do universo

A expressão "Big Bang" foi cunhada pelo astrônomo inglês Fred Hoyle durante uma entrevista à rádio inglesa BBC em 1949. Ele era um dos maiores críticos da ideia do Big Bang e defendia a teoria do estado estacionário — a ideia de que o universo sempre existiu, apresentando uma forma muito parecida com sua configuração atual. Ao contrário do Big Bang, o espaço e o tempo não têm começo nem fim num universo em estado estacionário. A teoria foi concebida, em 1948, por Hoyle, Hermann Bondi e Thomas Gold.

Eles buscaram uma explicação alternativa porque, na década de 1940, a Teoria do Big Bang apresentava um problema sério: de acordo com ela, o universo era mais jovem do que a Terra. É que astrônomos superestimaram grosseiramente a constante de Hubble — a taxa da velocidade de expansão do universo —, pois não conseguiram medir com precisão as distâncias das galáxias em relação ao nosso planeta. Achando que o universo vinha se expandindo muito mais rápido do que estava acontecendo de fato, eles subestimaram demasiadamente a sua idade. O valor inicial de Hubble foi de apenas 2 bilhões de anos. O problema era que geólogos já haviam descoberto a existência de rochas com 3 bilhões de anos.

Os autores do modelo do estado estacionário explicam a observada expansão do universo dizendo que nova matéria é criada para preencher os abismos cósmicos à medida que o espaço se expande. Desse modo, mesmo com o escoar do tempo, a densidade do universo como um todo continua invariável. Se verdadeira a premissa, teríamos de admitir que isso faria com que novas estrelas e galáxias surgissem repentinamente ao lado de outras muito mais antigas. Num universo estacionário, estrelas e galáxias vizinhas teriam idades muito diferentes.

Assim, na década de 1940, tal como aconteceu muitas vezes na história da ciência, houve um impasse entre as duas teorias rivais. A única forma de sair dessa situação e avançar na solução do problema foi levar ambas as teorias a fazerem previsões sobre a aparência ou estrutura que o universo teria se elas estivessem corretas. Portanto, que os defensores de uma e outra arregaçassem as mangas e tratassem de comprovar aquilo que haviam dito ter descoberto e, assim, poderiam reivindicar depois direitos de propriedade intelectual sobre o achado.

Nucleossíntese

A teoria do universo estacionário não tem de explicar a forma pela qual o universo acabou ganhando a aparência e estrutura que apresenta atualmente. Afinal, segundo ela, ele sempre existiu em sua forma atual. Já com a Teoria do Big Bang, o problema é que seus defensores não afirmam apenas que o espaço e o tempo tiveram um começo, mas também que, no início, o universo era radicalmente diferente do que é agora. Se quisermos que as pessoas acreditem na Teoria do Big Bang, é necessário explicar o modo pelo qual, após um longuíssimo e intricado processo, temos hoje, diante de nossos iludíveis meios de observação, um universo gigantesco, cheio de estrelas e galáxias, formadas a partir de um pontinho de matéria quente e minúsculo.

Se, num passado remoto, o universo dos dias atuais era menor do que um átomo, suas temperaturas deviam ter sido extremamente altas — 10 bilhões de graus centígrados apenas um segundo após o Big Bang. Astrônomos podem usar o que sabemos sobre a física de partículas para dizer o que deve ter acontecido em condições tão extremas. É isso que aceleradores de partículas, tais como o Grande Colisor de Hádrons, estão fazendo — recriando o ambiente que existiu imediatamente após o Big Bang.

No início, o recém-nascido universo continha apenas energia. Contudo, naquele primeiro segundo de existência, as temperaturas eram tão altas que parte dessa energia se transformou em matéria. Assim, formaram-se prótons, nêutrons e elétrons — os elementos constitutivos de átomos. Mas, depois de apenas 1s de expansão, o universo esfriou um pouco e, em tais condições, nenhuma nova partícula pode ser criada.

Alguns dos prótons e nêutrons se coligaram então e formaram partículas chamadas dêuterons (uma forma de hidrogênio). Com três minutos de idade, o universo é quente o bastante para que ocorra fusão nuclear, mas frio o suficiente para que partículas resultantes desse processo não sofram desintegração. Parte dos dêuterons e prótons se funde e forma os núcleos de átomos de hélio — o processo que transforma hidrogênio em hélio no centro do Sol (págs. 53-4). Astrônomos chamam isso de *nucleossíntese*.

Todavia, quando o universo chegou a 20 minutos de existência, esfriou ainda mais, ocasionando a interrupção do processo de fusão.

Cálculos indicam que 1/4 do hidrogênio do universo deve ter sido transformado em hélio durante aqueles 17 minutos de intenso processo de fusão.

A proposição apresentada acima constitui uma previsão fundamental da Teoria do Big Bang. Quando a fusão de partículas parou, não houve nenhum outro agente que pudesse modificar aquilo de que o universo era feito. Pelo menos não até que, milhões de anos depois, surgissem as primeiras estrelas e criassem estas uma pequena quantidade de elementos químicos pesados. Portanto, grande parte do cosmos dos dias atuais deve ser constituída ainda de 75% de hidrogênio e 25% de hélio. É exatamente isso que astrônomos acham quando observam o universo moderno — um convincente ponto a favor da validade da Teoria do Big Bang.

Onde está a antimatéria?

O processo que transforma energia em partículas é chamado de produção de pares. Tal como o nome indica, ele sempre cria duas partículas — uma de matéria e outra de antimatéria. Uma partícula de antimatéria é uma imagem fiel de uma partícula normal. Ela tem as mesmas propriedades desta, mas com carga elétrica contrária. A antipartícula do elétron, corpúsculo com carga negativa, é o pósitron, por exemplo, com carga positiva.

A produção de pares pode criar um par de partícula-antipartícula desde que haja energia suficiente para lidar com a carga de ambas (de acordo com a famosa equação de Einstein, $E=mc^2$). É por isso que a Teoria do Big Bang propõe uma interrupção da produção de pares quando o universo tinha apenas 1s de vida. Embora ainda extremamente quente, o recém-nascido cosmos esfriara tanto que fez a energia existente ser insuficiente para lidar com as massas de novos pares de partícula-antipartícula.

O oposto da produção de pares é a aniquilação, fenômeno em que uma partícula e sua antipartícula colidem e voltam a tornar-se energia. Visto que a produção de pares cria quantidades iguais de matéria e antimatéria, no transcurso dos 13,8 bilhões de anos desde o Big Bang, toda matéria deveria ter sido aniquilada com antimatéria, deixando o universo mais uma vez cheio apenas de energia.

Mas isso não aconteceu. Existe muita matéria no universo — estrelas, planetas, pessoas. Astrônomos acreditam que, para cada bilhão de partículas de antimatéria criadas originariamente, surgiram um bilhão e uma partículas de matéria. Toda antimatéria aniquilou quase toda a matéria depois. Tudo que vemos à nossa volta é feito da sobra minúscula de partículas materiais que não foram aniquiladas. Por que o universo teve essa ligeira preferência pela matéria, em detrimento da antimatéria, é uma das mais importantes questões da física sem resposta até agora.

"Re"combinação

De acordo com a Teoria do Big Bang, o processo de fusão parou depois que o universo transformou 25% de seu hidrogênio em hélio. O cosmos tinha apenas 20 minutos de existência a essa altura. Porém, durante muito tempo, nada mais aconteceu: foram 380.000 anos. O universo era um mar de energia, elétrons, prótons (núcleos de hidrogênio) e núcleos de hélio que continuava a expandir-se e esfriar.

Tal como vimos no Capítulo 5, observar corpos celestes longínquos é o mesmo que lançar um olhar sobre o passado. Mas nossa visão é bloqueada se tentarmos recuar a distâncias temporais equivalentes aos primeiros 380.000 anos de vida do universo. Naquela época, o mar de partículas era tão denso que nem luz conseguia escapar dele. É quase a mesma coisa que tentar enxergar através de uma espessa neblina.

Porém, de acordo com a Teoria do Big Bang, o universo acabou se expandindo e esfriando de tal forma que permitiu que os prótons e os núcleos de hélio conseguissem capturar elétrons de passagem pelas proximidades e assim formar os primeiros átomos. Isso deve ter liberado espaço considerável no cosmos e, de repente, permitiu que a luz escapasse. Físicos chamam esse acontecimento de *recombinação*. Contudo, é um péssimo nome para o fenômeno, pois os elétrons e os núcleos nunca tinham se combinado antes.

No entanto, se o Big Bang aconteceu mesmo, a luz liberada no instante da recombinação deveria ter inundado o universo inteiro. No transcurso dos últimos 13,8 bilhões de anos, ela deve ter perdido muito de sua energia, mas ainda deveria existir. Essa radiação restante é uma previsão-chave nas proposições da Teoria do Big Bang, já que não existiria num universo estacionário. A necessidade de se descobrir se ela existe ou não foi crucial para decidir qual das duas é realmente válida.

A radiação cósmica de fundo

Em 1964, os astrônomos americanos Arno Penzias e Robert Wilson estavam trabalhando com a Antena de Trompa de Holmdel, em Nova Jersey. Ela havia sido construída para captar ondas de rádio enviadas de volta à Terra por reflexão por alguns dos primeiros satélites de comunicação a terem sido lançados no espaço. Como esses sinais eram extremamente fracos, Penzias e Wilson estavam ajustando a antena para remover quaisquer ruídos de fundo mais fortes, incluindo os de transmissões de rádio locais.

No entanto, apesar de terem removido todos os sinais cuja existência puderam imaginar, a antena continuou a captar um fraco zumbido. Vinha de todas as partes do céu, e isso durante 24 horas por dia, nos sete dias da semana. No início, acharam que talvez estivesse sendo gerado pela queda de fezes de pombos empoleirados na antena. Chamaram o excremento de "material dielétrico branco". Por fim, os pombos foram expulsos do local e os técnicos limparam com todo cuidado a sujeira deixada pelas aves, mas o ruído continuou.

Enquanto isso, um pouco mais adiante na estrada, na Universidade Princeton, uma equipe chefiada por Robert Dicke se empenhava na busca de indícios da existência dos restos da radiação, deixados pelo processo de recombinação 380.000 anos após o Big Bang, conforme previsto pelos autores da teoria. É famosa a frase dita por Dicke quando soube do zumbido detectado por Penzias e Wilson: "Rapazes, fomos passados para trás." Hoje, chamamos isso de Radiação Cósmica de Fundo (RCF). Descoberta totalmente por acaso, foi um golpe do qual o modelo teórico do universo estacionário nunca mais se recuperaria. A RCF é uma prova inquestionável de que o universo teve início a partir de um ponto de matéria pequeno e quente.

Na época da liberação da RCF pelo cosmos, a expansão tinha feito o universo esfriar cerca de 3.000K (2.727°C). É algo semelhante à temperatura de superfície de uma estrela anã vermelha, portanto a luz original liberada pela recombinação deve ter sido de um tom avermelhado. No entanto, a constante expansão do universo ao longo de 13 bilhões de anos ampliou os comprimentos de onda dessa luz para algo bem abaixo da capacidade de percepção visual dos humanos. É por isso que hoje nós só a captamos nas faixas do espectro correspondentes aos de micro-ondas e rádio. Atualmente, sua temperatura é de apenas 2,7K (−270°C).

Mas você não precisa de uma gigantesca antena de trompa para captar o arrebol do Big Bang. Nas antigas TVs analógicas, vemos sinais em preto e branco acompanhados de um chiado quando mudamos de canal. De certo modo, é o que acontece também nos rádios analógicos, em que ouvimos chiados na mudança de estações. Um por cento dessa interferência é proveniente da RCF. Nesses casos, você está captando a mais antiga radiação luminosa do universo, o eco do Big Bang, modificado para frequências mais baixas pela expansão do cosmos.

A RCF é prova irrefutável de que nosso universo começou pequenino e quente.

Quasares

No ano anterior à descoberta da Radiação Cósmica de Fundo, Maarten Schmidt havia descoberto o primeiro quasar. Esses corpos celestes são núcleos de galáxias extremamente brilhantes (pág. 179). Desde então, astrônomos descobriram mais de 200.000 quasares. Parece que quase todos se encontram em distantes regiões do universo.

Se o universo primordial continha muitos quasares e considerando que a região local do nosso universo (atual) não os tem, isso indica que o cosmos atual evoluiu com o tempo. Portanto, não pode ser um universo estacionário. Tampouco achamos nele uma única estrela com mais de 13,8 bilhões de anos de existência — tempo longínquo em que defensores da Teoria do Big

Bang dizem que a grande explosão ocorreu. Os quasares constituem um dos Quatro Pilares dessa teoria, a saber:

- A expansão do universo
- A nucleossíntese (75% de hidrogênio/25% de hélio)
- A Radiação Cósmica de Fundo
- A distribuição dos quasares

ONDE FICA O CENTRO DO UNIVERSO?

É uma pergunta supercomum. Geralmente, as pessoas acham que *nós* devemos estar no centro, pois vemos as galáxias se distanciando do planeta em todas as direções. Mas seres humanos de todas as galáxias diriam a mesma coisa. Na página 183, comparamos galáxias com uvas-passas em uma massa de bolo em expansão. Se você pudesse se pôr no lugar de qualquer uma das uvas-passas, veria todas as demais se afastando de você. Portanto, nem todas podem estar no centro da massa.

São muitas as pessoas que eventualmente pedem a astrônomos que indiquem o local em que o Big Bang aconteceu, mas isso é impossível. Talvez pelo fato de que o Big Bang seja quase sempre comparado a uma explosão mesmo, as pessoas imaginam algo parecido com uma bomba sendo detonada. Se uma bomba explodir num recinto, a análise dos destroços poderá ser usada para se verificar em que parte do recinto ela foi detonada. A diferença está no fato de que o Big Bang criou espaço. Imagine que uma bomba detonada tenha criado um recinto qualquer e depois pergunte em que parte dele ela explodiu.

Agora, escolha qualquer ponto do universo e imagine onde ele estava na ocasião do Big Bang. Ele era parte da explosão. É por isso que astrônomos dizem que o Big Bang aconteceu em toda parte ao mesmo tempo.

Problemas com a Teoria do Big Bang

O Big Bang é, sem dúvida, a melhor teoria que temos para explicar a origem do universo. Todas as evidências apontam para um começo pequeno e quente do cosmos. Porém, ela ainda tem alguns problemas inquietantes que precisam ser solucionados.

Como algo pode surgir do nada?

De acordo com a versão original da Teoria do Big Bang, o universo começa como uma singularidade — o ponto infinitamente pequeno e infinitamente denso previsto por Einstein em sua Teoria da Relatividade Geral. Infinitamente pequeno significa que a singularidade não tem tamanho nenhum. Ou seja, ela não era nada literalmente falando. Mas como é possível que algo surja do nada?

O problema é que, provavelmente, singularidades não são uma característica real do universo. Elas estão mais para uma vistosa placa de neon que nos informa que não entendemos muito bem de física. Tal como vimos no Capítulo 4, físicos estão tentando combinar a teoria revolucionária de Einstein com física quântica para criar a universal Teoria de Tudo (págs. 139-40).

E já sabemos que algo *pode*, sim, surgir do nada no mundo da física quântica. Mesmo num vácuo perfeito, a energia é transformada em pares de partículas que voltam a desaparecer. Os físicos a chamam de partículas *virtuais*. As mesmas partículas envolvidas no fenômeno da radiação Hawking, emitida por buracos negros (pág. 139). A Teoria de Tudo poderia demonstrar que o tecido do espaço-tempo de Einstein não é contínuo, mas feito de uma multidão de bolhas. Se isso for verdade, essas bolhas poderiam aparecer e desaparecer, tal como bolhas virtuais.

Seria então possível que, na verdade, nosso universo não tenha surgido do nada, mas de uma bolha minúscula no espaço-tempo. Quase uma singularidade, e não uma, rigorosamente falando. Todavia, precisaríamos de uma razão que explicasse plausivelmente por que nossa bolha se expandiu e simplesmente não voltou a desaparecer. Não existe nada na versão original da Teoria do Big Bang que possa explicar isso.

O que aconteceu antes do Big Bang?

Essa questão é irmã da pergunta *Como algo pode surgir do nada?* A versão original da Teoria do Big Bang propõe que o tempo começou com a explosão de uma singularidade. Assim como não existe nada ao norte do Polo Norte, também não existe nada anterior ao ponto mais recuado no tempo.

Para a maioria das pessoas, essa resposta não é satisfatória, principalmente quando consideram as relações de causa e efeito, que são regras de validade universal. Imagine uma situação em que você deixa um livro cair. A chegada do objeto ao solo (o efeito) acontecerá depois que você o tiver soltado (a causa). Estamos tão acostumados com essa ideia que, se você apenas visse o livro caindo no chão, teria razão se achasse que alguém o havia deixado cair momentos antes.

Se o Big Bang foi o efeito, qual foi a causa? Se o efeito criou o tempo, como pode haver uma causa anterior? Com o modelo cosmológico original do Big Bang, não podemos falar na existência de tempo antes do Big Bang.

Monopolos magnéticos

De acordo com a Teoria do Big Bang original, o universo primordial devia ter sido quente o suficiente para criar monopolos magnéticos — partículas hipotéticas com apenas um polo magnético. No entanto, físicos nunca viram uma única partícula monopolar em nenhuma parte do universo.

Variações de Temperatura na Radiação Cósmica de Fundo

Quando a recombinação liberou a luz que vemos agora como Radiação Cósmica de Fundo, a temperatura do universo girava em torno de 2.727°C. Mas, hoje, as porções que captamos da RCF apresentam uma temperatura de −270°C porque o universo se expandiu muito (págs. 189-90).

Astrônomos fizeram um mapeamento primoroso de emissões de Radiação Cósmica de Fundo usando satélites, tais como o *WMAP* e o *Planck*, tendo conseguido detectar com eles ínfimas mudanças de temperatura, equivalentes à milionésima parte da unidade da medida usada. Algumas partes da RCF são ligeiramente mais quentes ou mais frias do que o restante. Isso fez com que algumas regiões do universo primitivo ficassem um pouquinho mais quentes ou mais frias quando a RCF foi liberada.

O fenômeno pode ser explicado se a matéria existente nos primórdios do universo não acabou sendo distribuída pelo espaço. Regiões levemente mais densas devem ter sido mais quentes, ao passo que mais frias as ligeiramente menos compactas. Isso também confere com a moderna estrutura do universo, no qual gigantescos superaglomerados de galáxias estão cercados de supervazios colossais. As regiões de matéria esparsa tiveram seu conteúdo celeste dispersado ainda mais pela expansão, dando origem aos vazios cósmicos, enquanto a força gravitacional das regiões mais densas atraiu mais matéria e formou aglomerados. Contudo, o modelo cosmológico original do Big Bang não tem explicação para a origem das minúsculas variações na distribuição de matéria no universo primordial.

O problema do horizonte

A não ser pelas mínimas variações de temperatura, a Radiação Cósmica de Fundo é extremamente uniforme. E como é possível que a temperatura de fundo seja a mesma no universo observável inteiro? Quando abrimos uma janela num dia de inverno, o calor escapa para o exterior, fazendo com que o interior fique tão frio quanto lá fora. Um físico diria que os dois lugares acabaram atingindo *equilíbrio térmico*. Mas leva tempo para chegar a esse estado. Como tudo mais no universo, a velocidade máxima com que qualquer coisa consegue passar de um lugar para outro é a da luz. Isso nunca será um problema na sua casa, mas é no espaço sideral.

Imaginemos uma região do espaço situada a 10 bilhões de anos-luz de distância, e também outra região, separada de nós pela mesma distância da outra, mas na direção oposta. Isto significa que existe uma distância de 20 bilhões de anos-luz entre elas, ok? Visto que o universo tem 13,8 bilhões de anos de existência, como essas duas regiões do espaço tiveram tempo para atingir o equilíbrio térmico?

Você poderia responder que elas estiveram mais perto uma da outra no passado, mas que essa proximidade nunca foi suficiente. A Teoria do Big Bang nos diz com que velocidade o universo vem se expandindo desde o início. Para terem ficado tão distantes uma da outra como estão hoje, essas duas regiões do espaço nunca poderiam ter ficado próximas o suficiente para alcançar equilíbrio térmico. A luz nunca conseguiu viajar de uma para a outra — uma sempre esteve num ponto situado além do horizonte da outra. Esse *problema do horizonte* é uma das maiores questões com a versão original da Teoria do Big Bang.

O problema da Terra plana

A superfície da Terra é curva, mas, para perceber essa curvatura, você precisa observar ou percorrer uma distância considerável. Imagine uma situação em que você ficasse sempre em determinado lugar e pudesse ver apenas uma área que se estendesse por 10m ao seu redor. Você acharia que a Terra é plana, embora ela não seja.

Essa situação é semelhante às impressões que temos em relação ao universo. Atualmente, estamos circunscritos ao sistema solar e temos de contar com as informações que a luz nos traz para sabermos o que existe além desse limite. Porém, só podemos ver corpos celestes, que ainda existem ou não, se essa luz teve tempo para nos alcançar. No início, o universo expandiu-se tão rapidamente que existem partes dele que nunca veremos. Portanto, é necessário fazer uma distinção entre o universo como um todo (tudo o que existe) e o universo *observável* (a parte que conseguimos ver).

Medições do universo observável indicam que o espaço nele existente é plano — não tem curvatura perceptível. Existem duas possíveis explicações para isso. Primeiro, o universo em expansão ampliou tanto o espaço que a pequena parcela dele que nos é visível *parece* plana, embora o cosmos como um todo talvez seja curvo. É uma situação idêntica àquela em que você se vê restrito a uma área da Terra com 10m de raio, achando que é plana, quando, na verdade, a superfície do nosso planeta é curva. Contudo, de acordo com a versão original da teoria do Big Bang, o universo não se estendeu o suficiente para apresentar tal confirmação. Portanto, ou a teoria do Big Bang não basta para explicar integralmente a realidade ou o universo inteiro — tanto a parte que podemos ver quanto a que não podemos — é plano. Segundo cálculos de astrônomos, as chances de essa extensão ter acontecido é mais ou menos de uma em 100 novendecilhões.

O problema da sintonia fina

A aparente planura do universo não é a única coisa nele que podemos considerar extremamente improvável. Imagine que o universo tenha uma espécie de painel de controle gigantesco com uma série de interruptores, botões graduados com mostradores e botões comuns. Cada um deles controla um aspecto do universo. Poderia ser a velocidade da luz, a massa de um elétron ou a força da gravidade. Se você mudasse qualquer um dos ajustes feitos com eles — ainda que apenas um pouquinho —, nosso universo acabaria apresentando propriedades ou características muito diferentes.

Vejamos o exemplo da gravidade. Se ela fosse mais forte, a matéria seria mais intensamente comprimida no núcleo das estrelas. Elas realizariam o processo de fusão nuclear bem mais rápido e durariam meses ou anos, e não os bilhões de anos em que perduram atualmente. A vida na Terra não teria tido chance de surgir e florescer nessas condições. E basta que você modifique os ajustes indicados nos mostradores para que nenhuma estrelinha sequer se forme. Se a gravidade universal fosse consideravelmente maior, poderia ter subvertido a expansão inicial do universo e feito com que tudo implodisse sobre si mesmo, dando origem a uma "Grande Compressão", antes que as primeiras estrelas pudessem eclodir no cosmos.

Se todos esses ajustes são fortuitos, caso em que poderiam ter apresentado uma multidão de diferentes valores, então como é possível que todos os botões estejam perfeitamente ajustados para fazer surgir um universo cheio de estrelas, planetas e pessoas? A maioria de outros ajustes teria dado origem a um cosmos vazio ou mesmo a nenhum universo. Existem várias respostas para este problema de *sintonia fina*. Poderia simplesmente ser obra de puro acaso — afinal, coisas extraordinárias às vezes acontecem. Outra dessas respostas consiste na crença de que um Criador onipotente o concebeu da forma que o conhecemos. Nenhuma destas respostas é satisfatória, pois não podem ser testadas.

No entanto, uma terceira explicação — que envolve uma ideia de *inflação*, ou inchação — talvez consiga não apenas solucionar o problema da sintonia fina, mas também todos os outros relacionados com a Teoria do Big Bang.

A Inflação Cosmológica

Solucionando os problemas da Teoria do Big Bang

Já no fim da década de 1970, muitos desses problemas com a Teoria do Big Bang haviam ficado óbvios. Estava claro que uma espécie de Big Bang tinha ocorrido porque evidências da Radiação Cósmica de Fundo, da nucleossíntese e dos quasares eram muito difíceis de ignorar. Porém, alguma coisa precisava ser sacrificada também.

Entre 1979 e o início da década de 1980, os físicos Alan Guth, Andre Linde e Paul Steinhardt imaginaram uma forma de realizar pequenas alterações na ideia do Big Bang, mas preservando-lhe todos os demais aspectos conceituais de solidez incontestável. Essa ideia foi chamada de *inflação*,

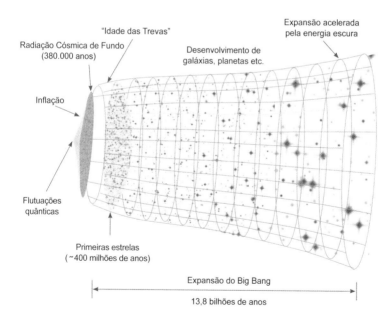

Nosso melhor esquema da história do universo, do período inicial da inflação cosmológica até os dias atuais, com o cosmos formado principalmente de energia escura.

conceito cuja premissa é extremamente simples: nos primeiros momentos de sua existência, o universo passou por um período de expansão muito mais rápido do que qualquer outra coisa que viria depois. Pense nela como a expansão imaginada por Edwin Hubble, só que bem maior e mais forte. Em seu primeiro undecilionésimo de segundo (1/36), o universo passou de um tamanho muito menor do que o de um átomo para o de algo mais ou menos do tamanho de uma laranja grande. Talvez não pareça grande coisa, mas é um fator de escala com o algarismo 1 seguido de 78 zeros. Se você conseguisse fazer com que uma hemácia adquirisse proporcionalmente tamanha imensidão, obteria algo com um diâmetro undecilhão de vezes maior do que o do universo observável.

Se tratarmos sucessivamente de cada um dos problemas da Teoria do Big Bang, poderemos ver quanto a adição de um período inflacionário primordial de rápida expansão do universo pode ajudar a solucioná-los.

Como algo pode surgir do nada?

Quando tratamos dessa questão na página 192, dissemos que talvez o universo não tenha surgido do nada, mas de uma bolha quântica no espaço-tempo. No entanto, precisamos de uma razão que explique por que a bolha simplesmente não voltou a desaparecer. De acordo com a teoria da inflação cósmica primordial, a bolha poderia ter continuado a existir se passasse por um período de rápida expansão semelhante a uma inchação brusca.

O que aconteceu antes do Big Bang?

Nossas ideias sobre o Big Bang provêm de nossas observações da velocidade com que o universo está se expandindo agora e dos resultados com nosso retrospecto analítico até um ponto do passado em que essa expansão começou. Rigorosamente falando, essa expansão — a parte do fenômeno que ocorreu de acordo com o previsto pela Lei de Hubble — começou somente depois que a inflação cessou. Portanto, a inflação cósmica foi o que aconteceu antes do Big Bang. Muitos teóricos argumentam que não precisamos da hipótese da existência de uma singularidade antes da inflação cósmica, principalmente se existir mesmo uma Teoria de Tudo. Para eles, independentemente do que tenha existido antes, uma área dessa coisa que inflou e acabou formando nosso universo pode muito bem ter existido desde sempre.

Monopolos magnéticos

Um período de inflação cósmica poderia ter causado um distanciamento muito maior entre quaisquer monopolos magnéticos do que o aventado pelo quadro teórico do Big Bang. Eles estariam tão dispersos a essa altura que não surpreende que nunca tenhamos encontrado nenhum deles.

Variações de temperatura na RCF

Sabemos que, no âmbito das grandezas mais diminutas, sempre ocorre o surgimento e o desaparecimento de partículas virtuais (pág. 138). Essas flutuações quânticas provocam modificações temporárias na quantidade de energia existente em determinado ponto do espaço. Devem ter ganhado dimensões astronômicas durante a inflação cósmica, acontecimento que levou à criação de regiões do novo universo com mais ou menos energia do que a média.

Isso explica por que a Radiação Cósmica de Fundo apresenta pequenas variações de temperatura. Físicos conseguem uma grande confirmação desse fato quando comparam o tamanho esperado das infladas flutuações quânticas com o da extensão das variações de temperatura na RCF. Tal como vimos, essas variações se tornaram as sementes em torno das quais superaglomerados e supervácuos cósmicos se formariam depois (págs. 193-4). Portanto, a inflação cósmica explica também por que a estrutura do universo atual tem a aparência que vemos.

O problema do horizonte

A inflação cósmica fez com que o universo se expandisse, em seus primórdios, com uma velocidade muito maior do que a proposta pela teoria original do Big Bang. Isso indica que, no início do surgimento do cosmos, regiões do espaço talvez ficassem bem mais perto uma da outra e, ainda assim, permanecessem tão distantes entre si quanto estão agora. Se todos os pontos do espaço se achavam mais próximos uns dos outros antes da inflação, é possível que tivessem alcançado equilíbrio térmico antes que fossem dispersados com grande ímpeto.

O problema da planura

Uma solução para a inflação cosmológica está na ideia de que, no início, o cosmos se expandiu tanto que o universo observável nos parece achatado, embora o universo como um todo talvez tenha alguma curvatura (da mesma forma que a Terra pareceria plana se observada de uma área da sua superfície).

Mas o problema é que dissemos que, por si só, o Big Bang não poderia ter expandido suficientemente o universo para fazê-lo parecer achatado (pág. 195). Porém, faz mais sentido se imaginarmos que houve um período de inflação cosmológica que causou uma expansão maior do que aquela de que havíamos cogitado anteriormente. A inflação cosmológica teria aplainado qualquer curvatura no universo observável.

Sintonia fina e inflação cosmológica eterna

Resta-nos agora a questão do problema da sintonia fina e, para lidar com ele, precisamos considerar a possibilidade da existência de uma *inflação cosmológica eterna*.

A inflação cosmológica nos fornece uma solução interessante para os principais problemas da Teoria do Big Bang. Todavia, se quisermos afirmar que esse período de rápida expansão aconteceu de fato, precisamos apresentar uma explicação da razão pela qual o fenômeno sofreu essa inchação brusca e da forma pela qual ela deu origem ao universo descrito pelo Big Bang.

Para conseguir isso, teóricos da cosmologia inflacionária propõem a existência de um campo cosmológico inflacionário. Em física, campo é uma região do espaço em que uma força atua. A Terra, por exemplo, tem um campo gravitacional. Sua força varia nas muitas partes da superfície terrestre — é mais acentuada nas montanhas e mais fraca sobre os vales. Os físicos acham que o campo inflacionário também apresenta variações. Segundo eles, a inflação cosmológica acontece em áreas em que ele é forte e cessa naquelas em que é fraco. Quando a inflação cosmológica cessa, a energia represada no campo inflacionário é transformada em matéria e radiação: o Big Bang.

Contudo, a única forma com que teóricos conseguem demonstrar que a energia do campo inflacionário se transforma claramente em algo parecido com o Big Bang é quando ela não é transformada de uma vez só em sua totalidade. Toda vez que parte dela se transforma, ocorre outro Big Bang, criando assim uma nova região isolada do espaço, enquanto, em outras regiões, a inflação cosmológica prossegue. Isso é *inflação cosmológica eterna*, e suas consequências são profundas.

Multiplicidade de Big Bangs só pode significar a existência de múltiplos universos. De acordo com a teoria inflacionária cosmológica, deve existir um número quase infinito deles — talvez infinito mesmo. As leis da física, as massas de partículas e a intensidade de forças devem ser diferentes em cada um deles, dependendo da maneira singular com que se transformaram de campo inflacionário em Big Bang. Suas distintas propriedades são o equivalente da imaginária situação em que os comutadores, sintonizadores e botões presentes no painel de controle de cada universo têm ajustes ligeiramente diferentes (pág. 196).

Se pensa que seu universo é o único que existe, então, logicamente, você achará intrigante o fato de que o painel de controle dele esteja com os ajustes perfeitamente regulados para sua existência como ser humano. Talvez você chegue até a alimentar a ilusão de que existe um Criador. Porém, se descobrir que seu universo é apenas um de muitos outros, em qual deles você acha que melhor se encaixaria?

Você não teria condições de viver num universo cujos ajustes não permitissem que você existisse lá, onde estrelas e planetas não podem formar-se. Você *só* pode existir onde os botões e controles estejam ajustados correta e propiciamente. A teoria da inflação cosmológica eterna soluciona o problema da sintonia fina propondo que existe um multiverso inflacionário infinito pelo espaço, apresentando uma variedade imensa de regulagens. Em algum desses universos, os ajustes dos botões ou controles têm de estar "corretos" no que lhe diz respeito e, consequentemente, você não pode existir em nenhum outro cosmos.

Multiverso

É necessário certo esforço para que aceitemos ou nos acostumemos com a ideia de um multiverso. Afinal, ela representa uma série imensa de diferentes possibilidades, em que tudo que pode acontecer ocorre de fato, em algum lugar. Se o multiverso é infinito, então nele acontece toda espécie de coisas possíveis uma infinidade de vezes.

Para ver que isso tem fundamento, imagine uma situação em que você tentasse a sorte num jogo de dados. Quais seriam as chances de você conseguir 1, 2, 3, 4, 5, 6? A resposta é 1,5%. Portanto, em média, esse padrão se repetiria três vezes a cada 200 lançamentos dos dados. Quanto maior for seu número de lançamentos, mais vezes você obterá o mesmo resultado.

É exatamente a mesma coisa que acontece com o multiverso. Toda vez que o campo cosmológico inflacionário se transforma num Big Bang, é como outro lançamento de dados. Jogue os dados um número suficiente de vezes e provavelmente você obterá uma repetição do mesmo resultado (universo). Lance os dados uma infinidade de vezes e será líquida e certa a repetição de resultados.

Assim, se você pudesse viajar por um multiverso infinito, acabaria deparando-se com outro universo em que todos os seus átomos estariam organizados de forma idêntica ao deste onde vivemos. Cada um de seus átomos. Isso inclui não só os átomos de meus dedos que digitaram estas palavras, inspirado que fui a seguir a carreira de astrônomo pelos átomos cintilantes no céu noturno quando eu era criança, mas também os átomos de seus olhos, que estão recebendo luz desta página. Em outra parte do multiverso, você está fazendo a mesma coisa — onde toda esta mesma situação se repete.

O que isto revela a respeito das escolhas que você faz se existem milhões de outros idênticos a ti em outros milhões de universos fazendo exatamente as mesmas escolhas? E um milhão de outros quase iguais a você fazendo escolhas totalmente diferentes? Existem universos onde você é o presidente dos Estados Unidos e outros onde Washington ainda é governada pela Inglaterra. Entes queridos que morreram neste universo continuam vivos e bem de saúde em outros mais. Em alguns deles, você tem cabeça de galinha ou uma bolsa de canguru. Num multiverso infinito, toda possibilidade do arranjo de átomos pode se repetir por uma infinidade de vezes.

Evidências da existência da inflação cosmológica

Múltiplos universos parecem uma consequência natural da inflação cosmológica eterna, o que, por sua vez, parece ajudar a explicar as características de nosso universo e a aperfeiçoar a Teoria do Big Bang. Porém, atualmente não temos *nenhuma* evidência de que a inflação cosmológica, eterna ou não, realmente aconteceu. Aliás, Paul Steinhardt, um dos pais da teoria, abandonou a ideia. Desde então, tem sido um dos que criticam abertamente a tese de múltiplos universos.

No entanto, inúmeros outros pesquisadores acreditam que é possível achar evidências de ocorrência de inflação cosmológica. Aliás, em 2014, uma equipe de cientistas virou notícia no mundo inteiro com declarações de que havia descoberto o equivalente a uma prova definitiva. O resultado de suas conclusões veio do projeto BICEP2, um radiotelescópio instalado na Estação Polo Sul Amundsen-Scott, na Antártida. Os cientistas tinham-no usado para fazer novos estudos na Radiação Cósmica de Fundo.

Acredita-se que uma expansão do cosmos tão rápida quanto a da inflação cosmológica deve ter feito com que ondas gravitacionais se propagassem por todo o recém-nascido universo. Um dia, talvez consigamos detectar essas ondas gravitacionais primordiais, mas agora, depois de 13 bilhões de anos, são pequenas demais para serem captadas por nossos detectores de ondas gravitacionais atuais. Contudo, talvez a Radiação Cósmica de Fundo possa nos ajudar, já que nos fornece uma imagem das características do universo quando ele tinha apenas 380.000 anos de existência. Se o universo tivesse 40 anos de idade, a RCF seria uma fotografia dele quando era um recém-nascido celeste com apenas 10 horas de vida. Quaisquer ondas gravitacionais se propagando pelas proximidades quando a RCF foi liberada deviam ter deixado distorções reveladoras em sua luz. Em março de 2014, a equipe do BICEP2 contou ao mundo que tinha encontrado tais distorções.

O problema é que agora a maioria dos astrônomos concorda que ela não as achou. Dúvidas sobre a descoberta foram manifestadas com certa rapidez, levando a equipe responsável pelo satélite *Planck* a argumentar que o mesmo efeito poderia ter sido gerado quando, muito depois, a RCF transpôs poeira cósmica em nossa Via Láctea. Assim, por enquanto, astrônomos ainda continuam em busca da primeira evidência de que a inflação cosmológica aconteceu de fato.

O fiasco da equipe do BICEP2 aconteceu 18 meses antes que ondas gravitacionais de buracos negros em processo de colisão fossem descobertas pela primeira vez pela equipe do LIGO, em setembro de 2015 (págs. 134-5). Os equipamentos do sistema LIGO não têm sensibilidade suficiente para captar ondas gravitacionais primordiais, mas, agora, a descoberta dessas ondas gravitacionais finalmente confirmou que provavelmente haverá uma corrida para a criação de detectores maiores e melhores. Um dia, essas máquinas poderiam mostrar-nos o caminho para um possível multiverso.

A ÁREA FRIA DA RCF

A falta de ondas gravitacionais primordiais não impediu que cientistas afirmassem que acharam evidências da existência de outros universos. Essas evidências se fundamentam inteiramente na existência de uma área extraordinariamente fria da RCF.

Descoberta pelo satélite *WMAP* em 2004, sua existência foi detectada de novo pelo satélite *Planck* em 2013. Ela é 1/140 milhões de grau mais fria do que a média de 2,7K da RCF, uma temperatura bem mais alta do que as das variações de temperaturas normais e alta demais para ter sido gerada por uma flutuação quântica ampliada pela inflação cosmológica.

Talvez a luz dessa área da RCF tenha atravessado uma imensidão vazia do espaço — uma região com muito menos galáxias do que a da média universal. Tendo perdido energia nessa travessia, nós a veríamos mais fria agora. O problema é que um vasto mapeamento de 7.000 galáxias em 2017 não revelou nenhum vazio espacial de tal magnitude.

Outros astrônomos alegam que a área fria é evidência do efeito da influência de outro universo sobre o nosso. Segundo eles, no decorrer da inflação cosmológica eterna, o nosso universo poderia ter colidido com um universo de bolha vizinho, provocando esse choque uma "contusão" na RCF. A questão, porém, continua muito controversa.

As Fronteiras do Universo

O limite do universo

Não sabemos ainda ao certo se nosso universo é o único que existe ou se é parte de algum multiverso inflacionário infinito. Se o nosso é o único, ele vai parar de se expandir? Se existem muitos, onde começa o universo vizinho? Nosso universo tem um limite ou uma fronteira qualquer?

Com certeza, existe um limite naquilo que podemos ver. A luz da Radiação Cósmica de Fundo vem das fronteiras do universo observável — foi a primeira luz que conseguiu escapar da densa neblina de partículas no universo primitivo. Ela demarca nosso horizonte cósmico, algo parecido com o horizonte na Terra. Saia de casa e olhe para longe: o máximo que conseguirá ver é a linha do horizonte. No entanto, você sabe que a Terra não termina no horizonte. Da mesma forma, os astrônomos acham que o universo não acaba em nosso horizonte cósmico.

Na maioria dos modelos teóricos do universo único, seus autores afirmam que ele se estende indefinidamente espaço afora, constituindo um cosmos infinitamente grande, sem limites ou fronteiras. E as pessoas sempre perguntam: *Ele está se expandindo para formar o quê?* Acontece que, se nosso universo é o único existente, então ele contém, pelo menos em tese, tudo o que existe. Assim, se houvesse algo além do universo, logicamente existiria, portanto faria parte dele. Sabemos que o universo não está se expandindo no sentido de que galáxias vêm avançando vertiginosamente *pelo* espaço, na direção de regiões antes desocupadas. Ao contrário, é o espaço entre galáxias que está se expandindo (págs. 182-3).

Se o nosso universo é parte de um vasto multiverso, então todos os universos fariam parte de uma estrutura maior. A física Laura Mersini-Houghton — que acredita que a área fria da Radiação Cósmica de Fundo é uma escoriação de outro universo — calculou a distância a que o universo vizinho estaria de nós agora. A resposta de seus cálculos: pelo menos 1.000 vezes maior do que a distância que nos separa de nosso horizonte cósmico atual.

O destino do universo

O que acontecerá com o cosmos? A resposta depende de quanta coisa existe nele.

Nosso universo vem se expandindo desde o Big Bang, com as galáxias se distanciando velozmente umas das outras, à medida que aumenta o espaço entre elas. Entretanto, elas exercem atração gravitacional entre si também. Se houver matéria comum e matéria escura suficientes no universo, a força gravitacional do conjunto acabará revertendo o processo e começará a fazer com que as galáxias voltem a aproximar-se umas das outras. Com isso, o universo implodirá, dando origem ao "Big Crunch". Todavia, se não houver muita matéria no universo, ele continuará se expandindo, num processo cada vez mais lento, mas a expansão jamais cessará. Há também uma terceira possibilidade, a de que existe massa no universo suficiente apenas para fazer a expansão parar, mas não para provocar uma grande implosão.

Essas três situações possíveis têm uma coisa em comum: atualmente, a velocidade de expansão do universo está diminuindo. Em meados da década de 1990, duas equipes de astrônomos andaram trabalhando em projetos para saber com exatidão o ritmo com que o universo foi se expandindo ao longo do tempo.

Tal como vimos no Capítulo 5, observar corpos celestes longínquos é o mesmo que lançar um olhar sobre o passado. A luz é como um cartão-postal que nos traz informações *velhas* (pág. 180). Quanto mais longínqua uma galáxia, mais ela representa um passado ainda mais distante. Medindo a velocidade de deslocamento de galáxias distantes, podemos saber com que velocidade o universo estava se expandindo muito tempo atrás e comparar isso com a velocidade de expansão agora. Se o ritmo de expansão do universo estiver diminuindo, isto significa que esse ritmo devia ser mais intenso no passado.

Contudo, é necessário medir com precisão a distância das galáxias em relação a nós se quisermos saber que ponto da história do universo elas representam. Os métodos normais de verificação de distâncias com base em paralaxe e variáveis Cefeidas não funcionam com locais muito distantes (pág. 170). As duas equipes de astrônomos precisavam de uma vela padrão muito mais brilhante, chamada supernova Tipo Ia.

Supernovas Tipo Ia

Nosso Sol é um caso raro de estrela solitária. A maioria das estrelas existe aos pares, como os sóis gêmeos do planeta Kepler-16b (págs. 147-8). Imagine uma situação em que uma das integrantes da dupla estelar morra e forme uma anã branca, tal como acontecerá um dia com o nosso Sol. O corpo desse tipo de astro celeste tem uma poderosa força gravitacional e, por isso, começa a extrair gás da companheira. Com mais e mais intensas absorções de matéria estelar da outra, a anã branca vai ficando cada vez mais pesada.

Todavia, existe um limite no tanto de gás que uma anã branca pode consumir da outra. Conhecido como Limite de Chandrasekhar, ele foi descoberto e calculado pelo astrofísico indiano Subrahmanyan Chandrasekhar quando tinha apenas 19 anos de idade. Em 1930, ele embarcou num navio no porto hindu de Madras rumo a Gênova, Itália, tendo Cambridge como destino final. Durante as três semanas de viagem, ele calculou que a massa de uma anã branca nunca pode exceder o equivalente a 1,4 da massa solar. Verificou que, quando a anã branca se aproxima desse limite, fica instável e explode violentamente, dando origem a uma calamitosa supernova. Astrônomos chamam as resultantes desses fenômenos de supernovas Tipo Ia, com vistas a distingui-las dos corpos derivados das explosões consequentes à implosão do núcleo estelar que ocorrem no fim da vida das estrelas (supernova Tipo II, págs. 129-131). Elas são velas padrões perfeitas, e não apenas excepcionalmente brilhantes, o que faz com que possam ser vistas a meio caminho da distância em que se encontram do observador no espaço, mas sempre têm um brilho intrínseco semelhante. Toda vez que uma delas explode, isso acontece quando ela contém pelo menos o equivalente a 1,4 da massa solar de combustível. E determinada quantidade de combustível envolvida no fenômeno a faz apresentar um brilho específico estável.

Para calcular a distância de uma galáxia onde uma estrela explodiu, tudo que precisamos fazer é comparar seu brilho no céu com o que deveria ter (sua magnitude aparente com sua magnitude absoluta). Quanto maior a diferença, mais luz se perdeu durante uma viagem mais longa em direção à Terra.

Em 1998, as duas equipes trabalhando em pesquisas sobre a história da expansão do universo publicaram resultados baseados em medições de supernovas Tipo Ia. Para imensa surpresa de todos, elas descobriram que a velocidade de expansão do universo parece estar *aumentando*. Em 2011, três dos cientistas que contribuíram para a descoberta receberam o Prêmio Nobel de Física.

A supernova Tipo Ia conhecida como SN 1994D explodindo na galáxia NGC 4526. Observe que uma explosão isolada pode apresentar um brilho tão intenso quanto o núcleo superativo de uma galáxia inteira.

Energia Escura

Parece que, após o Big Bang, no início o ritmo de expansão do universo diminuiu, tal como esperado, mas, por volta de 6 bilhões de anos atrás, de repente voltou a aumentar. Ninguém estava esperando por isso, e a constatação continua inexplicável.

Pelo visto, existe alguma coisa sobrepondo-se à gravidade e afastando poderosamente as galáxias umas das outras. A influência desse ente misterioso deve ter sido quase insignificante nos primórdios do universo, mas aumentou à medida que o cosmos foi amadurecendo. Astrônomos chamam essa hipotética e misteriosa força gravitacional de *energia escura*, tal como o fazem com a suposta matéria escura, considerada por eles a cola que mantém as galáxias coesas (págs. 160-1). Astrônomos acreditam que nosso universo é constituído atualmente de 68% de energia escura e de 27% de matéria escura. Os átomos que formam a matéria comum — a mesma de que eu e você somos feitos — compõem apenas 5% do total cósmico.

Na verdade, a expressão energia escura é apenas uma denominação provisória, pois sabemos muito menos a respeito dela do que sobre matéria escura. Hoje em dia, a ideia mais aceita acerca de sua natureza se relaciona com algo que especialistas chamam de energia do vácuo, conceito com que já nos deparamos várias vezes. O que chamamos de espaço vazio nunca está realmente vazio; nele, partículas virtuais surgem e desaparecem o tempo todo (pág. 138). A quantidade média dessa energia do vácuo presente numa região qualquer do espaço é sempre a mesma. No universo primordial, como o espaço entre galáxias era pequeno, não havia muita energia do vácuo. Porém, com o tempo, a força do Big Bang foi aumentando o espaço entre elas. Mais espaço intergaláctico resulta na presença, no cosmos, de mais energia do vácuo. Ao longo das eras, os espaços intergalácticos aumentaram tanto que o poder de repulsão da energia do vácuo superou a declinante força gravitacional dos aglomerados estelares, e a expansão do universo começou a acelerar.

Talvez o quadro descrito acima pareça o de um lugar limpo e bem-cuidado, mas havia rombos enormes nele. De acordo com a física quântica, a quantidade de energia no vácuo deve ser 10^{120} vezes maior do que aquela que conseguimos observar. Essa imensidão é o algarismo 1 seguido de 120 zeros! Se a energia escura fosse apenas energia do vácuo, o universo teria sido totalmente destruído muito tempo atrás.

Este aspecto teórico do cosmos é apenas mais uma das incongruências fundamentais entre a física quântica e a relatividade geral. É possível que tenhamos de esperar o advento da Teoria de Tudo para que disponhamos de condições para entender a energia escura.

O Big Rip

Se a matéria escura vem mesmo acelerando a expansão do universo, então os acontecimentos previstos na página 206 perdem a razão de ser. Ao contrário do que lá cogitamos, o espaço continuará expandindo-se numa velocidade cada vez maior. Mais espaço resultará em mais energia escura, levando a uma expansão do cosmos cada vez mais rápida. É um efeito de fuga intensificador.

Com o tempo, o espaço entre as estrelas se expandirá tanto que sobrepujará os poderes de coesão gravitacional da matéria escura, e as galáxias se afastarão umas das outras com uma velocidade espantosa. O espaço entre as estrelas e seus planetas aumentará também, e sistemas solares se desfarão sob o império da expansão cósmica.

Como a gravidade é de longe a força mais fraca nisso tudo, esses sistemas coligados gravitacionalmente serão os primeiros a se desmantelarem. A força eletromagnética que retém os elétrons em torno do núcleo dos átomos será a que se extinguirá em seguida. O aumento do espaço entre os elétrons e o núcleo atômico superará essa força, levando também os átomos a se dispersarem impetuosamente. Com o tempo, até mesmo a força nuclear forte que mantém prótons e nêutrons coesos no núcleo atômico não conseguirá conter o poder crescente da energia escura.

Ao fim e ao cabo, tudo neste universo terá sido destroçado. Astrônomos chamam isso de Big Rip (Grande Ruptura).* Não restará nenhuma galáxia, nenhuma estrela, nenhum planeta, nenhum átomo. Tudo será um vasto oceano de inanidades, de um vazio absoluto. De acordo com estimativas, nosso universo se extinguirá daqui a 22 bilhões de anos.

---

* Rip (ruptura, rasgo, fenda), mas também uma brincadeira com RIP (*Rest in Peace*), comum nas lápides, o equivalente ao nosso Descanse em Paz. (N.E.)

CONCLUSÃO

"Contemplar as estrelas sempre me faz sonhar."

Vincent van Gogh (1888)

Nada dura para sempre. O fato de estarmos aqui, no meio deste universo, para refletir sobre seus grandes mistérios é um privilégio, algo que deveríamos aprender a valorizar.

A humanidade tem participado de uma viagem astronômica fascinante. No início, achávamos que éramos o centro de tudo, com o Sol e as estrelas curvando-se aos caprichos pueris da nossa pretensão. Depois, com o florescimento da lógica e da razão, fomos relegados à condição de habitantes de apenas um planeta entre muitos outros astros girando em torno de uma estrela pertencente a uma de muitas galáxias, situada num pequeno recanto de um universo imenso. Mais além, passamos a cogitar a possibilidade de que este universo talvez fosse também apenas um de uma vastidão infinita de outros cosmos, onde toda teatralidade concebível se desenrola em toda espécie de palco imaginável.

Embora essas descobertas sejam uma tremenda recompensa em si, algumas pessoas se perguntam por que nos damos ao trabalho de explorar o espaço. Podemos responder que isso faz parte do nosso DNA. Afinal, nossa curiosidade nos fez deixar a África e nos espalhar pelo mundo, levando-nos ao topo do Everest e ao fundo dos oceanos. Testemunhamos o nascente da Terra na Lua e o pôr do Sol em Marte, e alongamos o olhar até os confins do universo observável. Somos movidos pela necessidade instintiva de conhecer o que existe lá fora e superar limites.

É grande a possibilidade de que pessoas vivas hoje sejam testemunhas da primeira missão do homem a Marte, ocasião que será a primeira vez que poremos os pés em outro planeta. As crianças das escolas de nossos dias serão os colonizadores de Marte amanhã, preparando um novo caminho para que a humanidade vá além do sistema solar. Muito provavelmente também, nas próximas décadas, nossos telescópios nos darão provas inegáveis de que não estamos sozinhos no universo.

Entre os que afirmam que, por si só, curiosidade não é suficiente para justificar esses empreendimentos, existe a preocupação com coisas mais práticas. Acontece que, enquanto formos uma espécie limitada a viver em um único planeta, nossas chances de perpetuação ficarão restritas apenas à Terra. Portanto, somente nos aventurando em explorações pelo espaço, teremos as melhores chances de sobrevivência se um asteroide errante, uma pandemia letal ou uma guerra nuclear ameaçarem nosso futuro.

Afinal de contas, nós viemos do espaço. O cálcio existente em nossos ossos e o ferro presente em nosso sangue foram produzidos no coração de estrelas moribundas e atirados impetuosamente pelo espaço por poderosas supernovas. Por isso, lançando-nos em aventuras exploratórias pelo espaço, estaremos apenas retornando às nossas origens, e nossos esforços na astronomia e em explorações espaciais são as espaçonaves que nos arremessam na direção de uma presença humana permanente no cosmos.

Desse modo, até que o Big Bang baixe as cortinas do grande espetáculo neste universo, oxalá possamos continuar por muito tempo ainda a contemplar o infinito com assombro e fascinação.

COLEÇÃO HISTÓRIA PARA QUEM TEM PRESSA

A HISTÓRIA DO MUNDO PARA QUEM TEM PRESSA

MAIS DE 5 MIL ANOS DE HISTÓRIA RESUMIDOS EM 200 PÁGINAS!

A HISTÓRIA DO BRASIL PARA QUEM TEM PRESSA

DOS BASTIDORES DO DESCOBRIMENTO À CRISE DE 2015 EM 200 PÁGINAS!

A HISTÓRIA DA MITOLOGIA PARA QUEM TEM PRESSA

DO OLHO DE HÓRUS AO MINOTAURO EM APENAS 200 PÁGINAS!

A HISTÓRIA DA CIÊNCIA PARA QUEM TEM PRESSA

DE GALILEU A STEPHEN HAWKING EM APENAS 200 PÁGINAS!

A HISTÓRIA DO SÉCULO 20 PARA QUEM TEM PRESSA

TUDO SOBRE OS 100 ANOS QUE MUDARAM A HUMANIDADE EM 200 PÁGINAS!

A história do CINEMA para quem tem pressa

DOS IRMÃOS LUMIÈRE AO SÉCULO 21 EM 200 PÁGINAS!